세밀화로 그린 보리 어린이
나무 도감

그림 / 이제호
이제호 선생님은 1959년에 충남 부여에서 태어났습니다. 중앙대학교 회화과에서 공부했습니다.
1995년부터 지금까지 강원도 원주에서 세밀화를 그리고 있습니다. 나무나 풀을 좋아하고
별과 우주에도 관심이 많습니다. 그동안 《세밀화로 그린 보리 어린이 식물 도감》
《세밀화로 그린 보리 어린이 동물 도감》들을 그렸습니다.

세밀화로 그린 보리 어린이

나무 도감

글 / 임경빈 (서울대 명예교수), 김준호 (서울대 명예교수), 김용심 (자유기고가)
그림 / 이제호, 손경희
감수 / 임경빈

도와주신 분 / 강동익 (치악산국립공원 관리사무소), 남상관 (전남 담양), 문갑수 (전남 담양)
　　　　박수현 (한국식물분류학회), 백운찬 (경기도 평택 토종오갈피농장), 안영배 (강원도 원주 옻나무농장)
　　　　양근석 (강원도 양양), 양영환 (제주민속자연사박물관), 이옥남 (강원도 양양), 이원행 (전남 담양)
　　　　장순일 (서울 마포), 전의식 (한국식물연구회), 최명섭 (임업연구원), 탁동철 (강원도 오색초등학교)
　　　　한소영 (변산공동체학교), 홍은주 (이산산림문화연구소)

편집 / 김용란, 류미영, 류희경, 박정훈, 심조원, 유현미, 이대경
기획실 / 김소영, 김수연, 김용란
디자인 / 이안디자인
교정 / 신정숙(우리말살리는겨레모임)
제작 / 심준엽
영업마케팅 / 김현정, 심규완, 양병희
영업관리 / 안명선
새사업부 / 조서연
경영지원실 / 노명아, 신종호, 차수민
인쇄 / (주)로얄프로세스
제본 / 과성제책

1판 1쇄 펴낸 날 / 2008년 1월 21일
1판 13쇄 펴낸 날 / 2024년 11월 22일
펴낸이 / 유문숙
펴낸 곳 / (주)도서출판 보리
출판 등록 / 1991년 8월 6일 제 9-279호
주소 / 경기도 파주시 직지길 492 우편번호 10881
전화 / (031) 955-3535, 전송 / (031) 950-9501
누리집 / www.boribook.com, 전자우편 / bori@boribook.com

ⓒ 보리기획, 이제호 2008
이 책의 내용을 쓰고자 할 때는 저작권자와 출판사의 허락을 받아야 합니다.
잘못된 책은 바꿔 드립니다.
값 35,000원

ISBN 978-89-8428-509-5 76380　978-89-8428-544-6 (세트)
이 도서의 국립중앙도서관 출판시도서목록(CIP)은 서지정보유통지원시스템 홈페이지(http://seoji.nl.go.kr)와
국가자료공동목록시스템(http://www.nl.go.kr/kolisnet)에서 이용하실수 있습니다.(CIP 제어번호 : CIP2007004037)

제품명 : 도서　제조자명 : (주)도서출판 보리　주소 : (10881) 경기도 파주시 직지길 492　전화번호 : (031) 955-3535
제조년월 : 2024년 11월　제조국 : 대한민국　사용연령 : 8세 이상　주의사항 : 책의 모서리가 날카로우니 다치지 않게 주의하세요.
KC 마크는 이 제품이 공통안전기준에 적합하였음을 의미합니다.

세밀화로 그린 보리 어린이

나무 도감

우리 땅에 뿌리 박고 사는 나무 이야기

그림 이제호, 손경희 | 감수 임경빈

보리

일러두기

1. 초등학생부터 중고등학생이나 어른까지 함께 볼 수 있도록 쉽게 썼습니다.
   어려운 식물학 용어는 쉽게 풀어 썼습니다.

2. 토박이 나무나 흔한 나무부터 뽑아서 가나다 순서로 본문에 실었습니다.
   본문에는 나무 한 종 한 종에 대한 자세한 풀이 글과 세밀화가 실려 있습니다.
   그림은 모두 살아 있는 나무를 보고 그렸습니다.

3. 나무 이름과 분류, 학명은 ≪대한식물도감≫(이창복, 1993, 향문사, 서울), ≪원색한국 식물도감≫(이영로, 1997, 교학사, 서울)과 ≪조선식물지≫(2000, 과학기술출판사, 평양)를 참고했습니다.

4. 본문 앞에는 나무에 대해서 먼저 알아야 할 내용을 따로 모았습니다.
   우리나라에는 어떤 나무들이 자라는지, 나무들이 철 따라 어떻게 달라지는지, 나무를 어떻게 쓰는지 알 수 있습니다.
   '덧붙이기'에 나무의 생김새와 기르기를 자세히 설명해 두었습니다.

5. '분류 찾아보기'에서는 분류 차례로 나무가 몇 쪽에 있는지 알 수 있습니다.
   '학명 찾아보기'에서는 abc 차례로 나무가 몇 쪽에 있는지 알 수 있습니다.
   '우리 이름 찾아보기'에서는 가나다차례로 나무가 몇 쪽에 있는지 알 수 있습니다.

6. 띄어쓰기와 한글 맞춤법은 국립국어원의 《표준국어대사전》을 따랐습니다.
   과명에서 사이시옷은 적용하지 않았습니다.
   · 참나뭇과 → 참나무과

7. 본문 보기

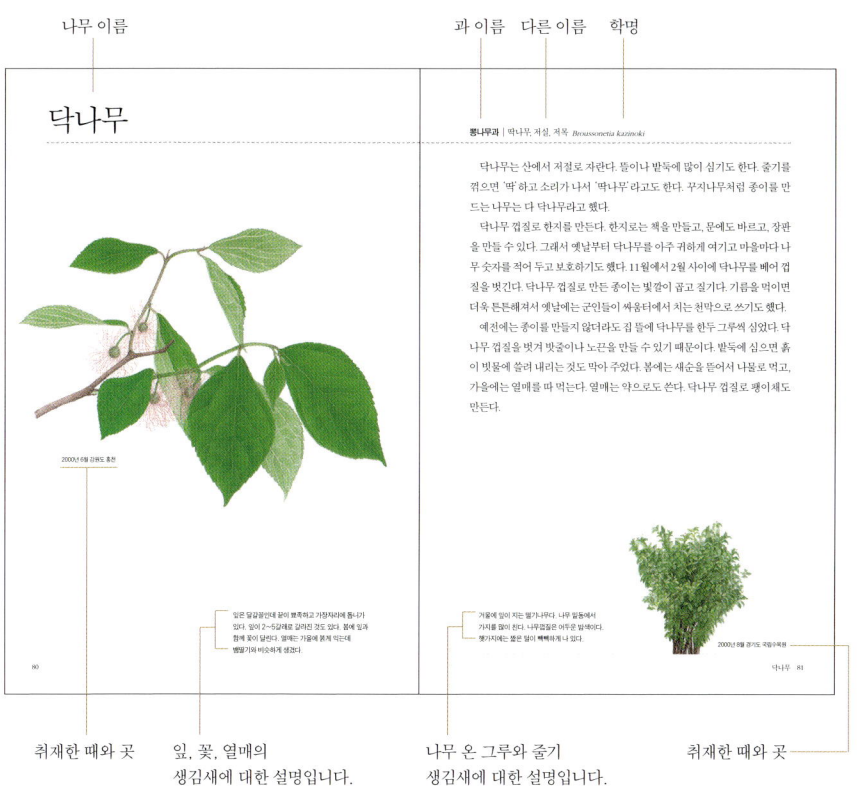

- 나무 이름
- 과 이름
- 다른 이름
- 학명
- 취재한 때와 곳
- 잎, 꽃, 열매의 생김새에 대한 설명입니다.
- 나무 온 그루와 줄기 생김새에 대한 설명입니다.
- 취재한 때와 곳

차례

일러두기 4

우리나라 자연환경과 나무 8
우리나라 산과 숲 10
철 따라 달라지는 나무 12
    나무의 봄살이
    나무의 여름살이
    나무의 가을살이
    나무의 겨울살이

맛있는 나무 열매와 산나물 28
기름을 짜는 나무 열매 32
약으로 쓰는 나무 34
집을 짓는 나무 36
살림살이를 만드는 나무 38

산과 들에서 자라는 나무

가래나무 42
가문비나무 44
갈참나무 46
감나무 48
개나리 50
개암나무 52
겨우살이 54
고로쇠나무 56
고리버들(키버들) 58
고욤나무 60
구기자나무 62
구상나무 64
국수나무 66
굴참나무 68
귤나무 70
낙엽송(일본잎갈나무) 72
노간주나무 74
느릅나무 76
느티나무 78
닥나무 80
단풍나무 82
대나무 84
대추나무 86
독일가문비나무 88
돌배나무 90
동백나무 92
두릅나무 94
떡갈나무 96

리기다소나무 98
마가목 100
매실나무(매화나무) 102
명자나무 104
모과나무 106
목련 108
무궁화나무 110
무화과나무 112
물박달나무 114
물오리나무 116
물푸레나무 118
미루나무 120
박달나무 122
박태기나무 124
밤나무 126
배나무 128
버드나무 130
벚나무 132
보리수나무 134
복숭아나무(복사나무) 136

붉나무 138
비자나무 140
뽕나무 142
사과나무 144
사철나무 146
산수유나무 148
산초나무 150
살구나무 152
상수리나무 154
생강나무 156
석류나무 158
소나무 160
신갈나무 162
싸리나무 164
아까시나무(아카시아) 166
앵두나무(앵도나무) 168
엄나무(음나무) 170
오갈피나무 172
오동나무 174
오리나무 176
옻나무 178
유자나무 180
은행나무 182
자두나무 184
자작나무 186
잣나무 188
전나무 190
조팝나무 192
졸참나무 194

주목 196
쥐똥나무 198
쪽동백나무 200
찔레나무 202
차나무 204
참나무 206
참죽나무 208
측백나무 210
층층나무 212
치자나무 214
탱자나무 216
팽나무 218
플라타너스 220
피나무 222
함박꽃나무 224
해송(곰솔) 226
향나무 228
호두나무 230
화살나무 232
회양목 234
회화나무 236

덧붙이기

줄기와 나무 생김새 240
잎의 생김새 242
꽃의 생김새 244
열매의 생김새 246
과일나무 심기 248
과일나무 가꾸기 250

우리 이름 찾아보기 252
학명 찾아보기 255

우리나라 자연환경과 나무

숲이 생기기에 알맞은 우리나라 날씨

지구 위의 모든 나라에 숲이 있지는 않다. 숲이 생기려면 비가 한 해에 적어도 750mm가 넘게 내려야 한다. 그런데 우리나라는 일 년 동안 보통 1,100mm가 넘게 비가 오기 때문에 숲이 생기기에 넉넉하다.

우리나라 아한대림, 온대림, 난대림

우리나라는 땅이 남북으로 길게 놓여 있다. 그래서 북쪽 지방은 남쪽 지방보다 겨울에 더 춥고, 남쪽 지방은 북쪽 지방보다 여름에 더 덥다. 추운 백두산 기슭에는 가문비나무나 전나무 같은 바늘잎나무가 자란다.

제주도나 남해안 섬에는 동백나무, 유자나무, 차나무, 치자나무 같은 늘푸른나무가 많이 자란다. 이 나무들이 자라는 곳을 난대라고 한다. 난대는 온대보다 조금 더 따뜻하고 열대보다는 더 서늘한 곳이다.

북쪽 지방과 남쪽 지방 사이에 있는 중부 지방에는 겨울에 잎이 지는 갈잎나무들이 자란다. 갈잎나무로 이루어진 숲을 온대림이라고 한다. 온대림에는 상수리나무, 굴참나무, 졸참나무, 갈참나무, 떡갈나무, 신갈나무 같은 참나무가 많이 자란다.

우리나라에 사는 참나무는 병에 걸리지 않고 잘 자란다. 우리나라의 기후와 풍토가 참나무가 자라기에 알맞기 때문이다.

우리나라에는 높은 산이 많다. 산은 높이 올라갈수록 기온이 낮아진다. 보통 100m를 오를 때마다 0.5℃쯤 낮아진다. 따라서 산기슭보다 높은 산꼭대기는 무척 기온이 낮다. 산을 100m 오를 때마다 기차를 타고 남쪽에서 북쪽으로 110km 달렸을 때 만큼이나 기온이 낮아진다. 높은 산 위에서 자라는 식물은 따로 있다. 구상나무나 주목 같은 나무들이다. 이런 바늘잎나무는 지리산이나 설악산이나 한라산 같은 큰 산의 높은 곳에서 자라는데 아한대 지방에서도 자란다.

북부 지방에 사는 바늘잎나무

가문비나무   전나무   잣나무

중부 지방에 사는 갈잎나무

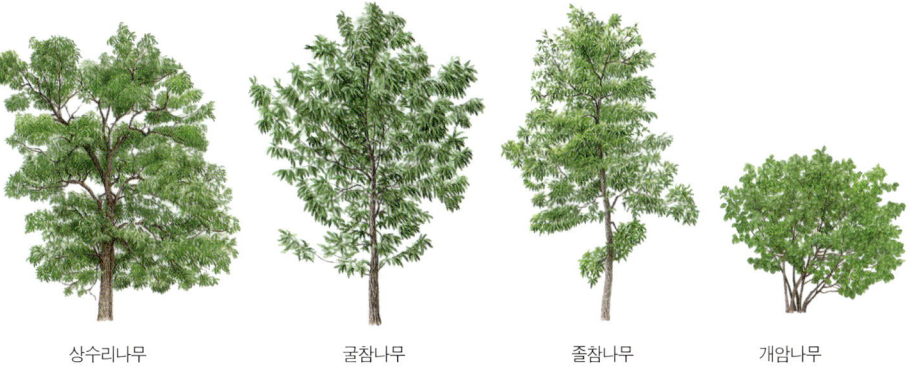

상수리나무   굴참나무   졸참나무   개암나무

남부 지방에 사는 늘푸른나무

동백나무   유자나무   차나무   치자나무

우리나라 산과 숲

나무가 좋아하는 땅

 물기가 적고 메마른 흙에서 잘 자라는 식물과 물기가 많은 흙에서 자라는 식물이 다르다. 소나무나 박달나무는 물기가 적고 메마른 흙에서 자란다. 물이 흐르는 산골짜기 가까이에는 물기를 좋아하는 나무가 자란다. 느티나무, 물푸레나무 같은 나무다. 개울가나 습지에서 자라는 버드나무나 오리나무도 물을 무척 좋아한다. 이렇게 나무는 저마다 살기에 알맞은 곳에서만 뿌리를 내리고 자란다.

나무가 이루는 숲의 질서

 숲에서 자라는 식물들은 저마다 키가 다 다르다. 숲을 이루는 맨 위층은 큰키나무들이 차지하고 있다. 키가 보통 20~30m 되는 나무들이다. 갈참나무, 떡갈나무, 상수리나무, 주목, 가문비나무, 전나무, 비자나무 같은 키가 큰 나무는 어느 것이나 맨 위층을 이룬다. 이렇게 큰 나무들은 모두 햇빛을 좋아한다.
 큰키나무 아래에는 작은키나무들로 이루어진 층이 있다. 보통 키가 7~8m쯤 자라는 나무들이다. 단풍나무, 쪽동백나무, 함박꽃나무 들이다. 작은키나무 밑에는 떨기나무가 층을 이룬다. 떨기나무층은 사람 키만큼 자라는 작은 나무들로 이루어진다. 높이가 2m쯤 된다. 개암나무, 국수나무, 싸리나무, 진달래 들이다.
 숲속에는 덩굴나무도 자란다. 칡이나 오미자나 인동덩굴은 줄기가 곧게 서지 못하고 무엇을 감으면서 자란다. 가느다란 줄기로 햇빛을 찾아서 키가 큰 나무나 바위를 감고 기어오른다. 덩굴식물들은 숲 가장자리에 많이 자란다. 그래서 덩굴식물 때문에 숲이 안과 밖으로 나뉜다. 숲속은 바깥보다 햇빛이 약하고 습도가 높고 바람이 적어야 한다. 덩굴식물들은 숲 가장자리에 장막을 쳐서 숲을 보호한다.

여러 가지 큰키나무

신갈나무　　느티나무　　소나무　　박달나무

여러 가지 작은키나무

단풍나무　　살구나무　　능금나무　　생강나무

여러 가지 떨기나무

개나리　　국수나무　　진달래

싸리나무　　조릿대　　화살나무

철 따라 달라지는 나무

나무의 봄살이

우리나라는 봄, 여름, 가을, 겨울, 사철이 뚜렷하다. 나무는 철 따라 모습이 달라진다. 봄에는 꽃을 피우고 잎을 펼친다.

이른 봄에 꽃 피는 나무는 잎이 나기에 앞서 꽃이 먼저 핀다. 그중에서도 산에서 가장 먼저 꽃이 피는 나무는 생강나무다. 3월 중순쯤에 양지바른 산기슭에서 노란 꽃을 피운다. 이때는 바람 끝이 아직 찰 때라서 추우면 꽃잎을 오므리고 따뜻하면 펴기를 몇 번이고 되풀이한다. 농사꾼들은 생강나무 꽃을 보고 농사 채비를 서두른다. 볍씨를 담그고, 보리밭에 김을 매고 거름주기에 바빠진다. 생강나무는 꽃이 피고 나서 한 달이나 지나야 잎이 나온다.

생강나무 꽃이 핀 지 열흘쯤 지나면 동네에서 산수유나무 꽃이 핀다. 산수유나무도 꽃이 잎보다 먼저 핀다. 산수유나무 꽃은 생강나무 꽃보다 더 다닥다닥 붙는다. 그래서 더 화려하다. 산수유나무 꽃이 핀 지 다시 열흘쯤 지나면 울타리에서 개나리꽃이 핀다. 이때가 4월 초순이다. 봄이 빠른 제주에서는 더 빨리 핀다. 개나리꽃이 질 무렵이 되면 뜰에서 목련이 핀다.

4월 중순이 되면 진달래가 핀다. 진달래꽃이 질 때가 되면 동네마다 여기저기서 과

새순이 돋은 느티나무

봄에 피는 꽃

일나무 꽃이 피어난다. 앵두나무, 살구나무, 복숭아나무, 벚나무가 앞서거니 뒤서거니 하면서 꽃이 핀다. 들에는 아지랑이가 끼고 버드나무는 가느다란 가지에 연한 잎이 나온다.

이제 나무마다 나뭇잎이 돋아나기 시작한다. 겨울 동안 비늘잎 속에 꼬깃꼬깃 접혀서 웅크리고 있던 어린싹이 두껍고 딱딱한 비늘잎을 헤치고 돋아난다. 이 무렵에 산에 가면 산나물이 한창 난다. 오갈피나무나 고추나무나 화살나무는 어린잎을 따서 먹는다. 끓는 물에 데쳐서 무쳐 먹으면 아주 맛있다. 어지간한 산나물은 삶아 말려서 묵나물을 해 두고 먹는다.

5월로 접어들면 나뭇잎이 푸르게 우거지기 시작한다. 멀리서 신갈나무 숲을 바라보면 빛깔이 날마다 달라진다. 참나무 잎이 푸르게 될 때쯤이면 뒤늦게 산벚나무 꽃이 핀다. 산벚나무 꽃은 연한 분홍색이다. 푸른 산속에서 군데군데 보이는 벚꽃은 참 보기 좋다.

살구꽃

자두 꽃

보리수 꽃

매화

나무의 여름살이

초여름에 접어들면 철쭉꽃이 핀다. 철쭉은 꽃이 피면서 잎도 함께 핀다.

철쭉꽃이 질 때가 되면 아까시 꽃이 활짝 핀다. 아까시 꽃은 남쪽 지방에서 5월 초순에 피기 시작하여 점점 북쪽으로 올라온다.

대추나무는 이제서야 잎이 피기 시작한다. 다른 나무가 잎이 한창 푸르게 자라도록 죽은 듯이 있다가 뒤늦게 새싹이 나오는 것이다.

대밭에서는 죽순이 올라온다. 맹종죽 죽순이 4월 말에 가장 먼저 올라오고, 솜대 죽순이 5월, 왕대 죽순이 6월에 올라온다.

6월 중순이 되면 밤꽃이 핀다. 밤나무는 꽃이 나무를 덮어서 온 나무가 하얗게 보인다. 밤꽃에는 꿀이 많아서 벌도 많이 모여든다.

6월에는 소나무에서 새순이 올라온다. 묵은 가지의 바늘잎은 우중충한데 새순은 산뜻한 연두색이다.

7월에는 싸리 꽃이 핀다. 싸리는 키가 작아서 꽃이 피어도 다른 나무에 가려서 잘 보이지 않는다. 하지만 양지바른 곳에 외따로 서 있는 싸리는 꽃이 무척 화려해 보인다. 싸리 꽃에도 꿀이 많다. 아까시 꽃, 밤꽃, 싸리 꽃에는 꿀이 많아서 벌을 치는 사람들이 좋아한다.

여름에는 뜰에서 무궁화꽃이 핀다. 무궁화나무는 꽃봉오리가 가지의 밑에서부터 위까지 촘촘히 달려 있다. 초여름에 밑에서 꽃

잎이 우거진 느티나무

이 피기 시작하여 점점 위로 올라간다. 하루에 한 송이씩 여름내내 잇달아 피고 진다.

감꽃도 핀다. 감꽃은 오목한 단지 모양이다. 꽃잎은 매끄럽고 도톰하다. 색은 젖빛인데 떨어진 뒤에는 점점 누레진다. 감꽃을 아삭아삭 씹으면 처음에는 떫어도 자꾸 씹다 보면 단맛이 우러난다. 실에 꿰어 목에 걸고 다니기도 한다.

여름에는 열매가 익는 나무도 많다. 초여름이 되면 뽕나무에 오디가 검게 익고 벚나무 열매인 버찌가 익는다. 앵두, 살구, 자두, 매실도 초여름에 난다. 이어서 복숭아가 익기 시작한다. 산에서는 산딸기를 비롯하여 멍석딸기, 나무딸기, 복분자딸기가 한여름에 익는다.

여름에 피는 꽃, 여름에 익는 과일

석류꽃

감꽃

밤꽃

무궁화꽃

찔레꽃

아까시 꽃

싸리 꽃

나무의 가을살이

가을에는 나무 열매가 풍성하게 여문다. 먼저 개암나무 열매가 여문다. 종지에 반쯤 묻혀 있는 도토리 같다. 가을이 깊어지면 개암이 익어서 저절로 떨어진다. 밤에는 보늬가 있어 떫지만 개암은 고소하다.

가을이 무르익어 9월 하순이 되면 머루가 익는다. 머루는 포도와 비슷한데 포도보다 알이 작고 송이가 성기게 붙는다. 잘 익은 머루는 물이 많고 달다. 깊은 산속에서 나는 다래는 서리가 내려야만 익는다. 먹으면 단맛이 물씬 난다. 다래가 익을 무렵에는 으름도 익는다. 으름은 작은 바나나같이 생겼다. 다갈색 열매가 갈라지면 하얀 속살이 드러난다. 속살 속에는 검정색 씨앗이 많이 들어 있다.

가을에는 산에 가서 밤이나 감을 딸 수 있다. 밤은 여물면 저절로 떨어진다. 가시투성이 밤송이가 벌어지고 그 속에 있던 알밤이 떨어진다. 감은 붉게 익어도 떨어지지 않고 가지에 붙어 있다. 감은 햇가지에서 열리기 때문에 가지를 꺾어서 딴다. 감을 딸 때는 모조리 따지 않고 몇 알을 남겨 놓는다. 이것을 까치밥이라고 한다.

가을이 깊어지면 푸른 잎은 붉은색이나 노란색으로 바뀐다. 단풍나무나 붉나무, 감나무, 담쟁이덩굴 잎은 붉은색으로 바뀐다. 은행나무를 비롯하여 미루나무, 팽나무, 낙엽송 잎은 노란색으로 바뀐다.

이제 날씨가 제법 쌀쌀해졌다. 된서리가

단풍이 든 느티나무

오고 나면 울긋불긋 물들었던 잎들은 바람이 불지 않아도 힘없이 떨어진다. 잎이 지는 나무들은 가지만 앙상하게 남는다. 잎이 떨어진 자리에는 자국이 남는다. 나무는 이 자리에 물과 병균이 들어가지 못하고, 추위에도 얼지 않도록 말끔히 마무리한다. 잎이 떨어진 가지에는 이듬해에 싹 틀 눈이 남아 있다. 떨어진 잎은 땅 위에 수북이 쌓인다. 밟으면 신발이 파묻히고 와삭와삭 소리가 난다. 가랑잎은 썩어서 그 나무의 거름이 된다. 우리 겨레는 가을에 가랑잎을 긁어 모아 구들방을 따뜻하게 데웠다. 또 두엄을 만들어 논밭을 기름지게 가꾸어 왔다.

가을에 여무는 열매

감

호두

으름

다래

나무의 겨우살이

나무들은 잎을 홀홀 떼어 내고 몸을 줄여서 겨우살이에 들어간다. 여름에는 우거진 잎 때문에 가지가 잘 보이지 않지만 겨울에는 나무마다 가지 생김새가 잘 드러난다.

참나무 가운데에서 상수리나무와 떡갈나무는 시들어서 누렇게 된 잎을 매단 채 겨울을 난다. 봄이 되어 새잎이 돋아나야만 묵은 잎이 떨어지는 것이다.

추운 곳에 사는 나무들은 가지에 겨울눈을 가지고 있다. 겨울눈은 생긴 그해에는 자라지 않고 겨울을 지나 이듬해에야 싹이나 꽃으로 자란다. 겨울눈은 수많은 딱딱한 비늘잎으로 싸여 있다. 비늘잎은 기왓장처럼 겹겹이 겹쳐져서 속에 있는 어린싹을 감싸고 있다. 나무들은 매서운 추위에서 살아남으려고 겨울눈에 여러 가지 보호 장치를 곁들인다. 치자나무 겨울눈은 비늘잎의 겉에 밀랍을 덮어쓰고, 철쭉의 겨울눈은 끈적끈적한 물질을 덮어 쓰고 있다. 목련의 겨울눈은 포송포송한 잔털을 뒤집어 쓰고 있다.

어떻게 하여 겨울눈은 추운 겨울에도 끄떡없이 살아남을까? 완전히 자란 겨울눈은 곧 싹 트지 않고 얼마 동안 깊은 겨울잠에 빠진다. 잠자는 기간은 나무마다 다르다. 가을에서 겨울로 접어들면 나무의 세포들은 물을 밖으로 내보내고 물에 녹는 당분도 많이 만들어 놓는다. 그러면 세포 속에서 물이 얼지 않는다. 봄이 되어 날씨가 따뜻해지면 물이 세포 속으로 다시 들어가서 새싹이

잎이 진 느티나무

돋아난다.

　상수리나무와 굴참나무는 가지에 설익은 작은 열매를 단 채로 겨울을 난다. 이 어린 도토리는 이듬해 가을에 익는다. 봄에 가루받이를 끝낸 소나무도 겨울 동안 작은 열매를 달고 있다가 이듬해 가을에 솔방울을 만든다.

　겨울에도 꽃이 피는 나무들이 있다. 매실나무는 겨울에 꽃이 핀다. 눈이 채 녹지 않았을 때부터 꽃이 핀다. 동백나무도 겨울에 꽃을 피운다. 동백나무가 자라는 남쪽 지방에서는 차나무와 보리장나무도 겨울에 꽃이 핀다.

여러 가지 겨울눈

물오리나무 눈

자두나무 눈

살구나무 눈

백목련 눈

앵두나무 눈

개나리 눈

졸참나무 눈

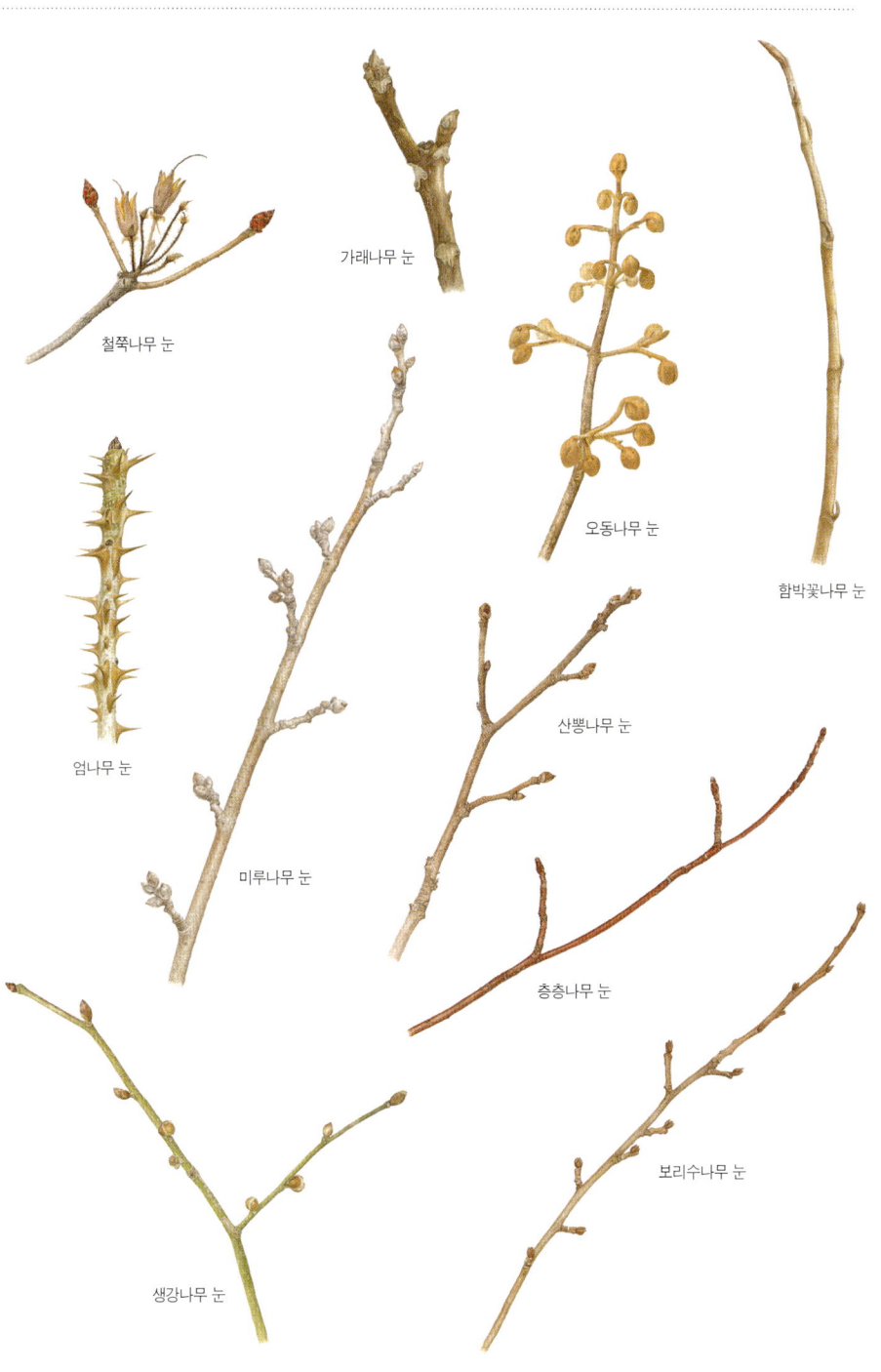

맛있는 나무 열매와 산나물

맛있는 나무 열매, 과일

　우리나라에는 먹을 수 있는 나무 열매가 많다. 초여름이면 뽕나무에 오디가 검게 익고, 벚나무에는 버찌가 빨갛게 익는다. 이어서 앵두, 살구, 자두, 복숭아가 여름 과일로 나온다. 한여름이 지나면 포도가 익고 가을이 되면 사과나 배가 나온다. 또 대추, 밤, 호두같이 여문 과일을 따고 늦가을이 되면 감을 딴다.

　과일을 따려면 때를 맞추어서 따야 한다. 때를 놓쳐서 너무 익은 것을 따면 물러져서 금방 썩는다. 덜 익은 과일은 맛이 안 좋고 금방 시들어서 쭈그러든다.

　과일을 딸 때는 조심해야 할 것이 많다. 우선 나무가 상하지 않도록 하고, 낮은 가지에 달린 것부터 따서 위로 올라가는 것이 좋다. 과일은 꼭지가 뽑히거나 부러지지 않게 따야 한다. 과일이 다 익으면 꼭지가 나무에서 쉽게 떨어진다.

　밤은 다 여물었을 때 따야 한다. 덜 여물었을 때 푸른 밤송이를 장대로 쳐서 억지로 따면 안 된다. 밤은 밤송이가 누렇게 되어 벌어지기 시작하는 때에 따야 한다. 이때는 장대로 가볍게 쳐도 밤송이가 쉽게 떨어지고 밤도 맛있다. 껍질이 반질반질하고 살은 단단하고 맛이 좋다.

　자두는 너무 익으면 안 좋다. 껍질이 불그스름해지면 따는 것이 좋다. 복숭아도 껍질이 분홍색으로 바뀌면 딴다. 돌배는 초가을에 색이 누렇게 바뀌면 따서 독에 넣어 둔다. 그러면 맛이 들어서 더 달다.

　딴 과일은 바람이 잘 통하고 습기가 없는 곳에 두고 먹는다. 신맛이 나는 과일은 쇠로 만든 그릇에 담지 말고 나무그릇이나 바구니에 담아 두는 것이 좋다. 옛날에는 밤을 헛간 바닥을 파서 그 속에 묻어 두고 겨우내 먹기도 했다. 사과나 배는 상자에 왕겨를 담고 파묻어 두었다. 대추나 살구처럼 그냥 말리기도 하고 밤이나 곶감처럼 껍질을 벗겨서 말려 두기도 했다.

　술이나 식초나 통조림이나 잼을 만들어서 먹기도 한다. 무엇보다 과일술은 몸에 좋아서 집집이 조금씩 담가 두고 노인이나 몸이 약한 사람이 마시도록 했다. 감이나 사과는 식초를 만들어서 음식에도 넣고 약으로도 마신다. 유자나 모과나 매실도 약으로 쓴다.

맛있는 나무 열매

나물로 먹는 나무순

옛날에는 봄에 나는 나무순은 다 먹었다고 할 정도로 온갖 나뭇잎을 뜯어 먹고 살았다. 요즘은 산나물이라고 하면 반찬으로만 먹지만 옛날에는 나물로 끼니를 때웠다. 산골에 사는 사람들은 봄이면 나물을 많이 뜯어다가 삶아서 말려 둔다. 그리고 겨우내 이 묵나물을 곡식에 섞어 밥을 해 먹거나 죽을 끓여 먹었다. 지금도 강원도에서는 이렇게 먹는 나물을 밥나물이라고 한다.

나무순 가운데서도 두릅나무나 엄나무 순은 맛이 아주 좋다. 두릅나무 순은 두릅이라고 하고 엄나무 순은 개두릅이라고 한다. 둘 다 살짝 데쳐서 초고추장에 찍어 먹는데 향긋하면서도 쌉싸름한 맛이 난다. 두릅이나 개두릅은 순을 따도 또 돋아난다. 그렇지만 두 번째 돋아나는 순은 안 뜯는 것이 좋다. 나오는 순마다 다 뜯으면 나무가 자랄 수 없기 때문이다. 또 나물을 한다고 가지나 줄기를 해쳐서도 안 된다.

화살나무 어린잎은 홑잎나물이라고 한다. 홑잎나물은 삶아서 우려낸 뒤에 무쳐 먹는다. 생강나무의 어린잎은 쌀가루를 묻혀서 기름에 튀겨 먹는다. 참죽나무 어린순은 날로 고추장에 찍어 먹기도 하고, 말렸다가 쌀가루를 묻혀서 기름에 튀겨 먹기도 한다. 다래순은 삶아 무치면 부드럽고 맛이 구수하다.

두릅나무 순

맛있는 나무 열매와 산나물

기름을 짜는 나무 열매

우리 겨레는 아주 오래전부터 씨앗에서 기름을 짜서 썼다. 기름을 음식에도 넣고 약으로도 썼다. 등잔불을 켜기도 하고 머리에 바르기도 했다.

동백나무 씨에는 맑은 기름이 들어 있다. 동백나무 씨를 모아서 절구에 넣고 빻아 가루로 만든다. 이것을 채반에 담아서 찐 다음 기름 주머니에 넣고 기름틀에 걸어서 세게 눌러 짠 것이 동백기름이다. 동백기름은 먹기도 한다. 머릿기름이나 등잔 기름으로도 썼다. 도장밥을 만들 때나 연고같이 바르는 약을 만들 때도 쓴다. 쇠붙이로 된 기계나 시계 톱니바퀴에 치기도 한다. 비누를 만들 때도 쓸 수 있다. 차나무 씨에도 맑은 기름이 들어 있다. 차나무 기름의 쓰임새는 동백기름과 같다.

산초나무 열매 속에는 반질반질한 검정색 씨가 들어 있다. 이 씨를 모아서 기름을 짠다. 씨 속에는 맑은 기름이 2~4% 들어 있다. 산초 기름은 약으로 쓰는데 워낙 기름이 적게 나서 귀하게 여긴다. 아이들이 기침을 심하게 할 때 산초 기름에 곶감을 지져서 먹이기도 했다. 아기 어머니들이 젖이 아플 때 바르기도 한다.

호두로도 기름을 짠다. 우리가 먹는 호두는 호두나무 열매 속에 들어 있는 씨의 속살이다. 호두는 그냥 깨 먹어도 아주 고소한데 호두 속에는 기름이 50~60%나 들어 있다. 호두 기름은 날이 어지간히 추위도 굳지 않는다. 냄새도 참 좋다. 너무 귀한 기름이어서 아껴서 먹었다. 아꼈다가 가구에 바르기도 한다. 노간주나무 씨로 짠 기름은 등잔불을 밝혔다. 노간주 기름은 향이 좋아서 술이나 음료수에도 넣는다.

싸리나무는 나무를 태워서 기름을 받는다. 싸리 기름은 혓바늘이 돋거나 입병이 났을 때 약으로 쓴다. 한 해 묵은 싸리나무를 베어다가 한 뼘쯤 되도록 잘라서 한 줌씩 한데 묶어 단을 만든다. 그리고 한쪽 끝에 불을 붙이면 타면서 기름이 나오는데 이 기름을 접시에 받는다.

생강나무 씨에서도 맑은 기름이 나온다. 씨를 모아서 가루로 빻아 찐 다음 기름틀로 눌러서 기름을 짠다. 잣에는 맑은 기름이 많이 들어 있다. 잣은 그냥 먹어도 맛이 고소하고 향도 좋다. 비자나무 씨에도 맑은 기름이 들어 있다. 49~52%나 들어 있으니 기름이 많은 편이다. 비자 기름은 튀김하는 데 많이 쓴다. 아주 맛이 좋은 기름이다. 옛날에는 비자 기름으로 등잔불을 켜고 머릿기름으로도 썼다.

기름을 짜는 나무 열매

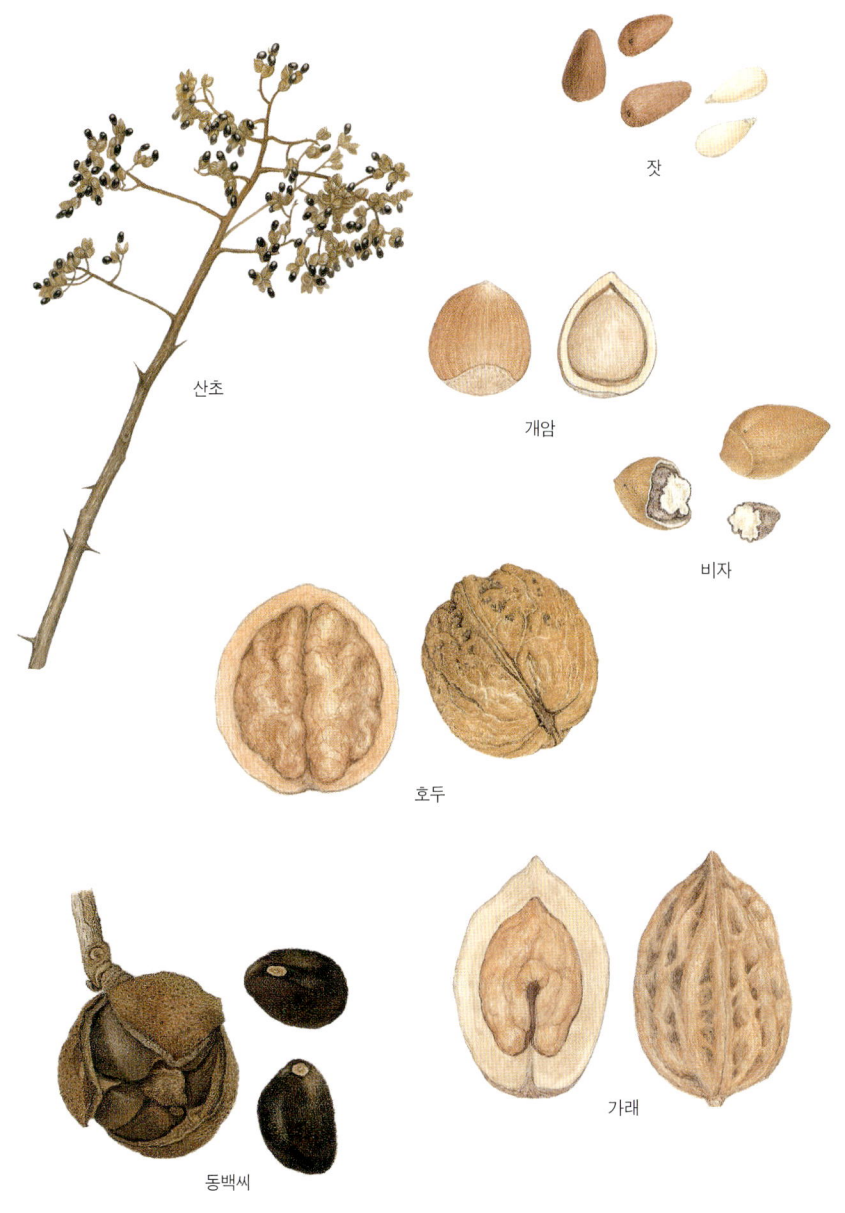

산초

잣

개암

비자

호두

동백씨

가래

기름을 짜는 나무 열매 33

약으로 쓰는 나무

　나무는 약으로도 쓴다. 옛날에는 집집마다 몇 가지씩 약초를 마련해 두었다. 농사일 하는 틈틈이 산이나 들에서 약에 쓰는 풀이나 나무를 장만해 두었다가 식구가 병이 나면 약을 만들어 주었다. 구기자나 모과처럼 많이 쓰는 것은 마당에 심어 길렀다. 아주 큰 병이 아니면 병원이나 약방을 찾지 않고 집에서 치료를 했다.

약재를 장만할 때 조심할 점
　나무에서 약재를 얻으려면 나무가 뿌리를 내린 지 여러 해가 지나야 한다. 오미자만 해도 10년이 넘게 자라야 쓸 만한 오미자를 딸 수 있다. 그러므로 약재를 장만할 때 가장 중요한 것은 약초 자원을 아껴야 한다는 점이다. 더구나 나무껍질이나 뿌리를 쓰는 것은 캐는 때를 잘 지켜서 나무가 말라 죽지 않도록 해야 한다.

약재를 장만하는 때
　나무에서 약으로 쓰는 곳은 나무마다 다르다. 꽃이나 열매를 쓰는 것도 있고, 줄기나 잎이나 뿌리를 쓰는 것도 있다. 소나무나 옻나무처럼 나뭇진을 받아서 쓰는 것도 있고, 고로쇠나무처럼 물을 받아서 쓰는 것도 있다.
　잎이나 줄기를 약으로 쓰는 것은 보통 여름에 따다가 말려 둔다. 꽃을 약으로 쓰는 것은 꽃이 피었을 때 바로 따는 것이 좋다. 열매를 약으로 쓰는 것은 아직 채 익지 않고 푸른색이 없어지기 전에 따야 하는 것이 많다. 모과나 명자나 다래가 그렇다. 호두처럼 씨를 쓰는 것은 충분히 여물었을 때 따 모은다. 뿌리를 쓰는 것은 가을부터 겨울에 걸쳐서 캐야 한다. 봄, 여름에는 나무가 크느라고 뿌리 속이 비어 있기 쉽다. 뿌리껍질을 약으로 쓰는 것은 이른 봄에 장만한다. 또 나무껍질과 가지를 쓰는 것은 5~6월에 장만한다.

약재 말리기
　약재는 썰어서 바람이 잘 드는 그늘에 종이를 펴고 말린다. 열매나 씨는 햇볕에 말리고 꽃은 그늘에서 말린다. 또 음력 9월 전에 장만한 것은 햇볕에 말리는 것이 좋고, 가을 겨울에 캔 것은 그늘에 말리는 것이 좋다. 약재는 곰팡이가 안 생기게 종이나 헝겊 주머니에 넣어 습기가 없고 바람이 잘 드는 곳에 두어야 한다. 조심해서 잘 두면 몇 년 동안 두고 쓸 수 있다. 탱자나 귤 껍질은 오래 두었다가 쓰는 것이 오히려 약효가 좋다.

약으로 쓰는 나무

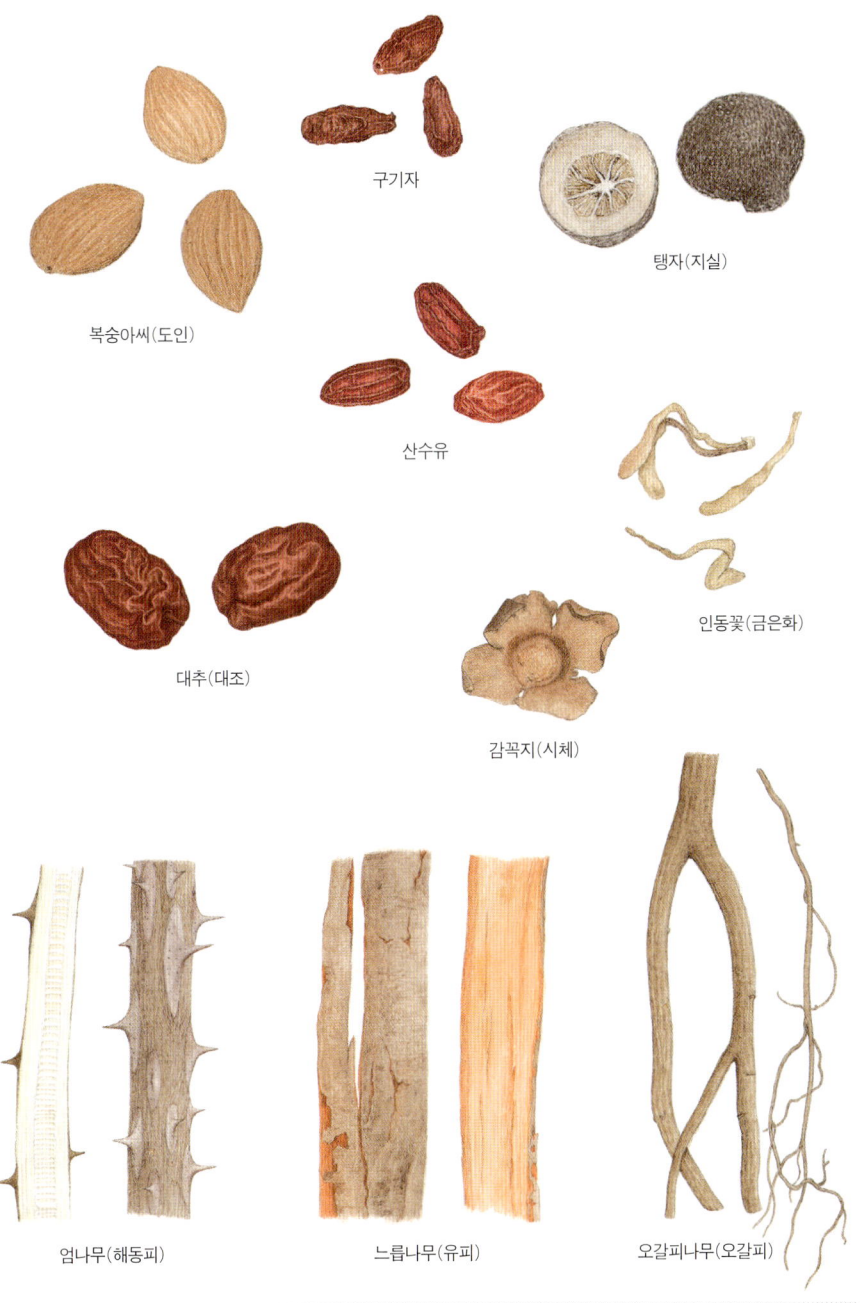

집을 짓는 나무

　옛날부터 우리 겨레는 나무로 집을 짓고 살았다. 나무가 많은 산골 마을에서는 통나무로 귀틀집을 짓고 살았다. 귀틀집은 통나무를 뿌리와 가지를 치고 가운데만 추려 쌓아서 벽채를 만들어 올라간다.

　귀틀집뿐 아니라 초가집이나 기와집도 뼈대는 다 나무로 지었다. 큰 궁궐이나 절도 마찬가지였다. 나무 가운데에는 소나무 같은 바늘잎나무와 참나무 같은 넓은잎나무가 있다. 집을 지을 때는 바늘잎나무를 많이 쓴다.

　바늘잎나무 중에서도 소나무를 많이 쓴다. 소나무 중에서도 적송과 해송을 가장 많이 쓴다. 남쪽 바닷가 지방에서는 해송으로 집을 많이 짓고, 중북부 지방에서는 적송으로 짓는다.

　집을 지으려면 미리 나무를 베어 놓아야 한다. 적어도 2~3년 전에는 나무를 베어 둔다. 나무는 늦가을에서 늦겨울 사이에 벤다. 이 무렵에 베어야 재목에 벌레가 타지 않는다. 목수는 나무를 베기 전에 미리 쓸 곳을 짐작한다. 쓸 곳에 따라 길이가 다르기 때문이다.

　벤 나무는 껍질을 벗겨서 그늘에 말린다. 나무껍질을 벗기지 않으면 집을 지은 다음 나무좀이 먹어 집을 상하게 할 수 있기 때문이다. 다음으로 지으려는 집의 크기와 높이를 가늠하여 미리 나무를 토막 낸다. 크고 높은 집은 길게, 작고 낮은 집은 짧게 끊는다. 이렇게 손질한 나무를 이삼 년 동안 빗물에 젖지 않도록 하여 쌓아 둔다. 재목은 오래 쌓아 두어 잘 말린 것을 좋은 것으로 친다. 재목이 잘 말라야 집을 짓고 나서도 오랫동안 재목이 뒤틀리거나 터지지 않기 때문이다.

　나무로 지붕을 덮기도 한다. 잣나무나 가문비나무처럼 결이 곧은 나무를 켜서 널판을 만들어 덮는다. 이런 집을 너와집이나 너새집이라고 한다.

　문짝은 전나무나 잣나무로 많이 짰다. 잣나무는 속이 붉다고 홍송이라고도 한다. 이 나무들은 가볍고 연한 데다가 나뭇결이 곱고 뒤틀리지 않는다. 또 곧게 자라서 마디가 거의 드러나지 않기 때문에 문짝으로 알맞다.

집을 짓는 데 쓰는 나무

소나무 줄기 소나무 목재 상수리나무 줄기

전나무 줄기 전나무 목재 상수리나무 목재

잣나무 줄기 잣나무 목재 오동나무 줄기

가문비나무 줄기 가문비나무 목재 오동나무 목재

살림살이를 만드는 나무

　부엌에 들어가 보자. 나무로 만든 물건이 참 많다. 쌀을 이는 조리는 대나무로 만들었다. 조릿대를 잘게 오려서 결은 것이다. 주걱도 나무를 깎아서 만들었다.
　피나무 도마는 김치를 썰고 물에 씻어서 기울여 놓으면 잠깐 만에 물기가 깨끗이 빠진다. 도마에 김치 물도 잘 안 든다. 피나무는 살이 무르면서도 가벼워서 나무속을 파기도 쉽고 다루기도 쉬워서 벌통이나 통나무배를 많이 만든다.
　소반은 물을 빨아들이지 않으면서 가벼운 나무로 만든다. 소반에 딱 맞는 나무는 은행나무다.
　곡괭이나 도끼처럼 무거운 연장은 자루도 무거운 참나무로 만든다. 밤나무, 벚나무도 자주 쓴다. 그렇지만 낫이나 호미처럼 가벼운 연장의 자루는 미루나무나 오동나무를 쓴다.
　가랑잎이나 검불을 긁어 모으는 갈퀴는 대나무를 쪼개서 불에 구운 다음 휘어서 만든다. 디딜방아처럼 내려 찧는 힘이 세야 하는 것은 무겁고 단단한 밤나무로 만들었다.
　버드나무는 나뭇결이 곱고 빛깔도 희고 깨끗한 데다가 가볍다. 버들가지를 삼노끈으로 엮어서 키도 만들고 고리도 짠다. 큰 가구는 무늬와 빛깔이 아름답고 무거운 나무로 만든다. 그래서 장롱, 반닫이, 뒤주는 느티나무를 으뜸으로 친다. 오동나무는 가볍고, 물기를 잘 안 먹는다. 나뭇결도 아름답다. 그래서 장롱이나 반닫이의 안쪽 재목으로 쓴다.
　악기도 나무로 만든다. 가야금은 오동나무로 만들고 퉁소나 단소는 대나무로 만든다. 바이올린 몸통은 가문비나무, 단풍나무, 모과나무로 만든다.

나무로 만든 살림살이

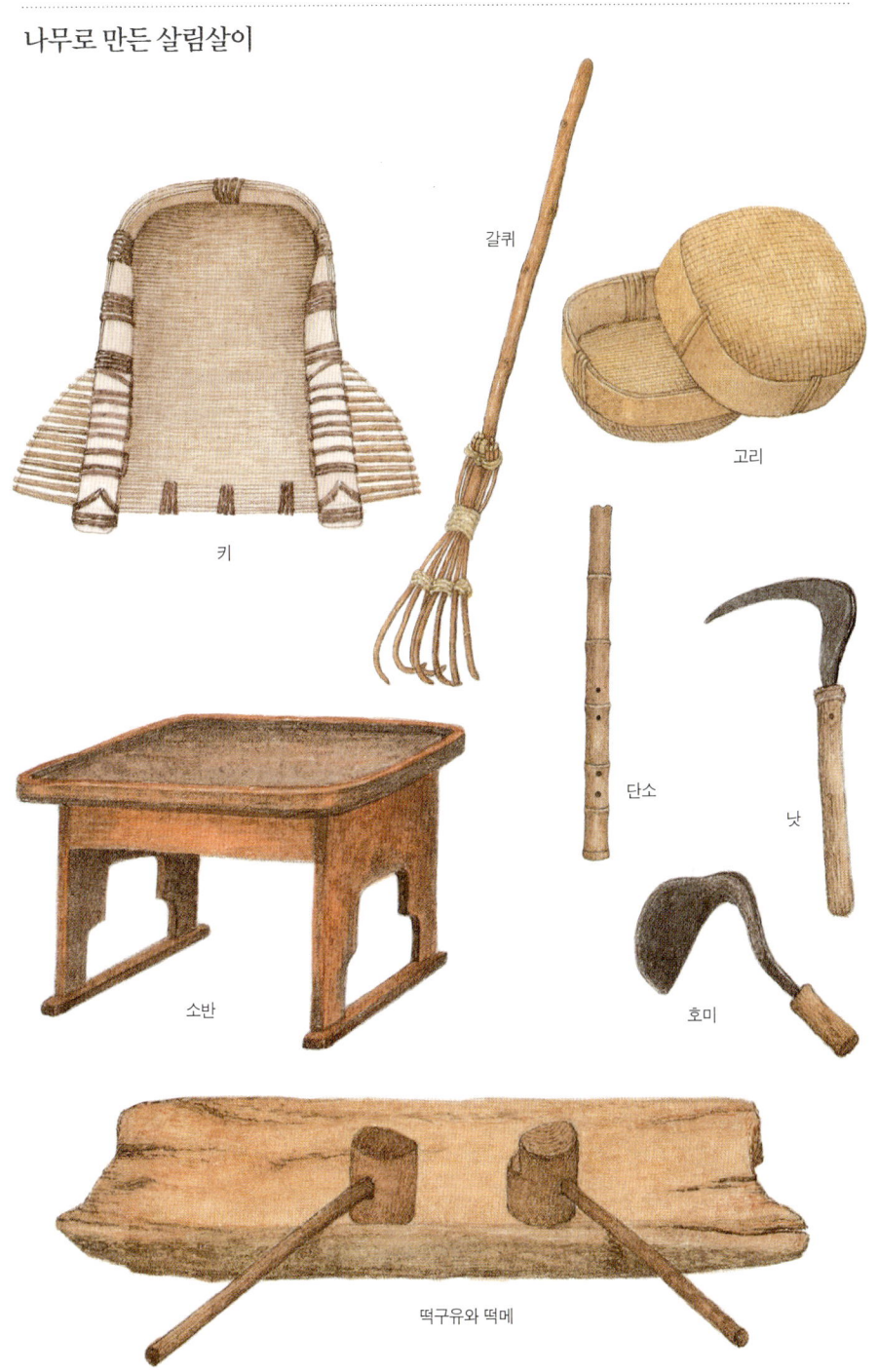

산과 들에서 자라는 나무

가래나무

1999년 8월 강원도 원주

가래

잎은 7~17개로 이루어진 깃꼴겹잎이다. 이른 봄에 꽃이 피고, 가을에 열매가 익는다. 열매의 겉껍질은 풀색인데 그 속에 있는 씨앗은 딱딱하고 진한 밤색이다. 호두처럼 씨앗 속에 속살이 있다.

가래나무과 | 가래추나무, 산추나무, 산추차나무 *Juglans mandshurica*

가래는 호두같이 생겼다. 호두보다 조금 길고 양 끝이 뾰족하면서 갸름하다. 호두나무는 본디 우리나라에는 없고 중국에서 들여온 나무지만 가래나무는 옛날부터 우리 산에 저절로 나서 자라는 나무다. 추운 곳을 좋아해서 경상북도나 강원도, 그보다 더 북쪽에 흔하다.

가을이 되면 가래가 익어서 떨어진다. 가래 속에는 고소한 속살이 있어서 산짐승들이 좋아한다. 다람쥐 같은 작은 짐승이나 큰 곰 모두 다 잘 먹는다. 예전에는 사람들도 가래를 주워 먹곤 했다. 겉껍질이 딱딱해서 그냥 깨 먹기는 힘들다. 불 속에 세워 두고 저절로 껍질이 벌어지기를 기다렸다가 까 먹는다. 가래 속살은 양은 많지 않지만 고소하다. 그냥 먹기도 하지만 꿀에 재워 두었다 먹기도 한다. 호두나 잣처럼 기름이 많이 들어 있다.

가래나무 굵은 것은 베어다가 장롱을 짠다. 단단한데다가 오래되어도 뒤틀리지 않기 때문이다. 가래나무 껍질은 질겨서 밧줄을 꼬거나 미투리 뒤축에 감았다. 음력 7월쯤에 어른 팔뚝만큼 굵은 가지에서 껍질을 벗겨 다듬어 두었다가 쓴다. 봄과 가을에 껍질을 벗겨서 햇볕에 말린다. 가래나무 껍질은 염증을 없애고 열을 내리고 눈이 밝아지게 한다. 피부병이 나면 즙을 내서 바른다.

겨울에 잎이 지는 큰키나무다. 줄기는 높이 20~25m쯤 자라고 나무껍질은 잿빛이며 윤기가 있고 얕게 갈라진다.

1998년 1월 강원도 원주

가문비나무

2000년 2월 강원도 원주

바늘잎은 납작하고 살짝 구부러지고 끝이 뾰족하다. 앞면은 진한 풀색이고 윤기가 난다. 뒷면은 연한 풀색인데 흰 선이 두 줄 있다. 5~6월에 암꽃과 수꽃이 한 나무에 핀다. 열매는 처음에는 위로 나지만 커 가면서 아래로 드리운다. 씨는 9월에 여문다.

소나무과 | 감비나무, 삼송 *Picea jezoensis*

　가문비나무는 북부 지방 높은 산에서 자란다. 잣나무, 이깔나무, 분비나무, 종비나무 같은 다른 바늘잎나무와 함께 울창한 숲을 이루며 자란다. 북한에서는 흔한 나무지만 남한에서는 보기 어렵다.

　가문비나무는 무척 더디게 자란다. 20년이면 2m쯤 자라고, 100년이 지나도 키가 20m를 넘기 어렵다. 나무는 더디게 자라지만 목재는 좋다. 나뭇결이 곧고 잘 짜개져서 집을 짓고 배를 만들고 살림살이를 만드는 데 여러모로 쓸모가 많다. 나무에 섬유질이 많이 들어 있어서 종이와 옷감을 만들 때도 쓴다. 잎과 송진은 약으로 쓴다. 잎과 어린 가지는 날것 그대로 쓰고, 송진은 줄기에 상처를 내서 받는다. 잎은 괴혈병과 기침에 약으로 쓴다. 송진은 고약을 만들고, 상처를 치료한다.

　가문비나무나 전나무는 북부 지방에서 울창한 숲을 이룬다. 가문비나무 열매는 아래로 처지고, 익으면 통째로 떨어진다. 전나무 열매는 하늘을 보고, 여물면 산산이 부서지면서 떨어진다.

2000년 2월 강원도 원주

겨울에도 잎이 지지 않는 늘푸른바늘잎나무다. 오래된 것은 키가 40m가 넘고 줄기 지름이 1m에 이른다. 가지는 배게 나고 보통 희고무레하다. 나무껍질은 비늘처럼 벗겨지고 점점 검어진다.

갈참나무

1996년 9월 충북 수안보

잎은 타원꼴이고 끝이 뾰족하며 짧은 잎자루가 있다. 잎 가장자리에는 물결처럼 생긴 톱니가 있다. 잎 앞면은 진한 풀색이고 매끈하다. 뒷면에는 잔털이 나 있다. 4월쯤에 암꽃과 수꽃이 한 나무에 핀다. 꽃 핀 그해 가을에 도토리가 여문다. 도토리집은 종지 모양이다.

참나무과 | 재갈나무 *Quercus aliana*

갈참나무는 참나무의 한 가지다. 가을이면 도토리가 익어서 떨어진다. 갈참나무 도토리는 도토리 가루가 많이 나온다. 보통은 도토리묵을 해 먹는다. 예전에 산골 마을에서는 양식이 부족할 때 도토리로 끼니를 때웠다. 도토리는 떫어서 그냥 먹지는 못한다. 몇 번이고 떫은맛을 우려낸 뒤에 콩, 팥, 감자 따위를 섞어서 죽을 쑤어 먹는다. 다른 참나무처럼 갈참나무도 나무가 단단해서 좋은 재목이 된다. 구워서 숯도 만들고 줄기를 잘라서 표고버섯도 기른다.

갈참나무는 산골짜기 기름진 땅에서도 자라지만 평지에서도 잘 자란다. 서울 종묘와 전라북도 고창 선운사에는 오래된 갈참나무가 있다. 전라남도 장성 백양사에도 길 어귀에 갈참나무가 무리를 지어 자라고 있다. 300~500년쯤 된 큰 나무들인데 줄기가 곧고 가지가 구불구불 뻗었다. 경북 영풍군 단산면에도 오래된 갈참나무가 있는데, 정월 대보름이면 마을 사람들이 나무 아래 모여 제사를 지낸다.

갈참나무 잎은 가을에 누런빛으로 단풍이 들고, 늦게까지 달려 있다. 잎은 길쭉하고 반질반질 빛난다. 도토리 종지 무늬가 세모꼴인데다 촘촘히 모여 붙어 있어 다른 참나무와 다르다.

겨울에 잎이 지는 큰키나무다. 높이는 30m이다. 나무껍질은 딱딱하고 갈라진다. 묵은 가지는 잿빛 밤색이다.

1997년 12월 강원도 원주

감나무

꽃 1999년 5월 강원도 원주

1998년 10월 강원도 원주

잎은 어긋나게 붙고 타원꼴이다. 잎 앞면은 윤기가 나고, 뒷면에는 밤색 털이 있다. 6월쯤 잎겨드랑이에서 노란 꽃이 피는데 암꽃이 수꽃보다 훨씬 크다. 열매는 처음에는 푸른색이다가 9~10월에 붉게 여문다.

감나무과 | *Diospyros kaki*

　감나무는 감을 따 먹으려고 기르는 과일나무다. 집집마다 마당에 몇 그루씩 심어 기른다. 밭두렁이나 집 가까운 산기슭에 심기도 한다. 병도 잘 안 들고 벌레도 잘 안 꼬여서 집 안에서 기르기 좋은 나무다.

　늦은 봄에 노랗게 감꽃이 핀다. 감꽃이 감나무 둘레에 떨어지면 아이들은 감꽃을 주워 먹는다. 감꽃은 달큰하면서도 떫은맛이 있다. 감꽃을 실에 꿰어 목걸이를 만들어 목에 걸고 다니기도 한다.

　감나무에 잎이 다 떨어지고 감만 빨갛게 드러나면 감을 딴다. 서리가 오기 전에 따야 한다. 잘 익은 감은 물렁물렁하고 달다. 덜 익은 감도 항아리에 넣어 두면 떫은맛이 없어지고 홍시가 된다. 덜 익은 감을 껍질을 벗겨 햇볕에 말리면 하얀 분이 나면서 쫀득쫀득한 곶감이 된다.

　감꼭지는 열매가 익었을 때 떼서 햇볕에 말려 두었다가 약으로 쓰면 좋다. 감꼭지 달인 물을 마시면 딸꾹질이 멈추고 설사가 그친다. 감잎은 차를 만들어 마신다. 감나무는 결이 연하고 치밀하여 귀한 가구를 만들 때 쓴다.

1997년 1월 경북 양양

겨울에 잎이 지는 큰키나무다. 줄기는 곧게 자라고 가지를 많이 치는데, 다 자라면 15m에 이른다. 묵은 가지는 잿빛 밤색이다.

개나리

2000년 8월 강원도 원주

꽃 1999년 4월 강원도 원주

잎은 마주나며 잎자루가 있다. 버들잎 모양으로
길고 뾰족하다. 윤기가 나고 털이 없다. 꽃은 4월에
잎보다 먼저 핀다. 노란 꽃이 한 송이씩 피거나
두세 송이씩 모여 핀다. 열매는 가을에 여문다.
씨앗은 갈색이고 날개가 있다.

물푸레나무과 | 개나리꽃나무, 어리자나무, 어라리나무, 신리화 *Forsythia koreana*

집 가까이에서 흔히 볼 수 있는 나무다. 울타리나 길옆에 무더기로 심기도 하고, 한두 그루씩 심기도 한다. 이른 봄에 잎보다 먼저 노란 꽃이 핀다. 산에는 산수유가, 울 안에는 개나리가 피어 봄을 알린다는 말이 있다. 개나리는 다른 꽃보다 일찍 핀다. 우리나라 어디서나 자라는 나무로, 강원도 춘천시는 개나리를 시의 꽃으로 정했다.

개나리는 가지를 잘라서 묻어 두면 금세 뿌리를 내린다. 물이 잘 빠지고 햇볕이 잘 드는 곳에 심으면 매우 빨리 자라나 옆으로 포기를 늘리면서 퍼진다. 메마른 곳이나 그늘진 곳에서도 잘 살고, 공기 오염이 심한 곳에서도 잘 산다. 길을 내면서 흙이 무너질 염려가 있는 곳에 일부러 심기도 한다.

가을에 여문 열매를 거둬서 약으로 쓴다. 개나리 열매는 열이 나면서 춥고 떨릴 때, 갈증이 있을 때나 편도선염에 쓴다. 경상북도 의성에서는 의성개나리를 기른다. 약으로 쓰기 위해 심는 개나리여서 약개나리라고도 한다. 의성개나리는 개나리보다 꽃이 작다. 열매는 개나리보다 많이 달린다.

겨울에 잎이 지는 떨기나무다. 뿌리에서 많은 줄기가 나와서 포기를 늘린다. 줄기는 윗부분이 길게 늘어지고 가지를 많이 친다. 보통 높은 곳에서는 줄기가 아래로 자라고, 낮은 곳에서는 위로 자란다. 어린 가지는 풀빛이고 묵은 가지는 잿빛 갈색이다.

2000년 4월 강원도 원주

개암나무

난티잎개암나무 *Corylus heterophylla*
1998년 7월 강원도 원주

개암나무 꽃 1998년 1월 강원도 원주

개암

난티잎개암나무는 잎이 어긋나게 붙는다. 끝이 크게
여러 갈래로 갈라지고 가장자리가 톱니 모양이다.
이른 봄에 잎보다 먼저 암꽃과 수꽃이 한 그루에
같이 핀다. 가을에 단단하고 둥근 열매가 여문다.

자작나무과 | 깨금

개암나무는 산기슭 양지바른 곳에서 진달래, 싸리나무 같은 떨기나무들과 함께 자란다. 잔솔이 다복다복 난 곳에서도 볼 수 있다. 가뭄과 추위에 잘 견뎌서, 산에 나무가 없고 헐벗었을 때 개암나무가 먼저 들어와서 숲을 이룬다. 개암나무 잎은 땅에 떨어지면 잘 썩어서 메마른 땅을 기름지게 한다.

개암나무 열매는 먹을 수 있다. 개암은 쉽게 따 먹을 수 있다. 나무가 작아서 나무에 올라가지 않고 땅에 서서 바로 딸 수 있다. 잘 익은 개암은 빛깔이 짙고 고소한 냄새가 나면서 속이 꽉 차 있다. 딱딱한 겉껍질을 벗겨 내고 속살을 깨물어 먹는다. 개암은 영양이 풍부하고 맛이 독특하다. 몸을 튼튼하게 하고 소화가 잘 되도록 돕는다. 개암으로는 기름도 짠다. 노란빛이 도는 맑은 기름은 향기가 있고 맛이 좋다. 개암나무 가지는 땔나무로 쓰고, 잎은 집짐승 먹이나 거름으로 쓴다.

개암은 약으로도 쓴다. 가을에 익은 열매를 따서 햇볕에 말려 두었다가 달여 먹거나 가루를 내어 먹는다. 배를 든든하게 하고 입맛을 돋운다. 또 눈을 밝게 하고 힘이 나게 한다. 아프고 난 뒤나 입맛이 없을 때 먹는다.

겨울에 잎이 지는 떨기나무다. 키는 보통 2~3m이다. 나무껍질은 어두운 잿빛이다. 나뭇가지에는 밤색 털이 빽빽이 있다가 없어진다.

2000년 12월 강원도 원주

겨우살이

1997년 1월 강원도 원주

잎은 마주나고 길쭉하고 두툼하다. 잎 끝은 둥그스름하고 가장자리는 매끈하다. 진한 풀색이고 윤기가 나지 않는다. 이른 봄에 자잘하고 누런 꽃이 가지 끝에 모여서 핀다. 가을에 둥근 열매가 누렇게 익는데 반투명하다.

겨우살이과 | 겨우사리, 기생목, 동청 *Viscum album var. coloratum*

겨우살이는 살아 있는 나무에 붙어산다. 팽나무, 배나무, 밤나무, 느릅나무 같은 나무에 붙어사는데 다른 나무보다 참나무에 많이 산다. 겨우살이는 뿌리가 다른 나무에 단단히 박혀 있다. 멀리서 보면 나무에 까치 둥지가 있는 것처럼 보인다. 겨울에도 잎이 푸르러서, 다른 나무에서 잎이 떨어지는 겨울이면 눈에 더 잘 띈다.

겨우살이는 씨로 퍼진다. 잘 익은 노란 열매에는 풀같이 끈끈한 속살이 가득 차 있다. 그 속에는 씨가 한 알씩 들어 있다. 이 열매를 새가 먹고 똥을 싸면 씨앗을 싸고 있던 끈끈한 속살이 소화가 덜 되어 똥 속에 섞여 나온다. 끈끈한 속살 때문에 씨앗은 나뭇가지에 착 달라붙어 있다가 봄에 싹이 튼다.

겨우살이는 옛날부터 약으로 썼다. 그중에서도 뽕나무에서 나는 겨우살이를 더 좋게 쳤다. 겨우살이는 간과 콩팥에 좋다. 줄기와 잎을 그늘에 말려서 물에 달여 먹거나 빻아서 가루를 내어 먹는다. 말리지 않고 그대로 소주를 부어 두었다가 약으로 먹기도 한다. 혈압을 낮추고, 아기가 배 속에 편안하게 있게 하고, 엄마 젖이 잘 나오게 한다. 허리가 아프고 이빨이 쑤실 때도 쓴다.

살아 있는 나무에 더부살이하는 나무다. 겨울에도 잎이 지지 않는다. 다른 나무 위에 줄기가 무더기로 모여나서 얼핏 보면 까치 둥지처럼 보인다. 가지는 두세 갈래로 갈라지고 통통하고 풀색이다. 털이 없고 마디가 있다. 높이는 30~60cm이다.

상수리나무에 붙어사는 겨우살이
1997년 12월 강원도 원주

고로쇠나무

2000년 5월 강원도 치악산

잎은 보통 다섯에서 일곱 갈래로 갈라지고 얕게 갈라진다. 가장자리가 밋밋하다. 꽃은 암꽃과 수꽃이 한 나무에 피며 옅은 노란색이다. 4~5월에 잎보다 먼저 꽃이 핀다. 열매에는 날개 두 개가 마주 붙어 있다. 9~10월에 익는다.

단풍나무과 | *Acer mono*

　고로쇠나무는 우리 나라에서 나는 단풍나무 가운데 가장 키가 크고 줄기도 굵게 자란다. 큰 것은 키가 20m에 줄기 지름이 60cm인 것도 있다. 땅이 걸고 눅눅한 곳을 좋아한다. 나무가 우거진 산속 골짜기나 골짜기 가까운 산허리 양지바른 곳에서 잘 자란다. 단풍을 보려고 공원이나 집 마당에 심어 기르기도 한다.

　고로쇠나무는 다른 단풍나무들보다 빨리 크게 자라기 때문에 목재로 널리 쓰인다. 목재는 연한 밤색인데 단단하고 결이 치밀하다. 또 윤이 나고 아름다워서 가구를 만들고 다식판을 만들고 조각 재료로 쓴다. 체육관 바닥에도 많이 깐다.

　고로쇠나무 줄기에서 받은 물을 고로쇠 약수라고 한다. 고로쇠 약수는 이른 봄에 살아 있는 나무줄기에 흠집을 내어 받는다. 노인이나 속이 안 좋은 사람에게 좋다고 한다. 고로쇠나무는 해마다 물을 받아 내도 죽지 않는다. 고로쇠나무 어린잎은 나물로 먹거나 차를 만들어 먹는다.

2000년 12월 강원도 치악산

겨울에 잎이 지는 큰키나무다. 높이 20m쯤 자란다. 나무껍질은 어두운 잿빛으로 미끈한데 오래된 나무는 세로로 갈라지기도 한다. 어린 가지는 짧고 가늘고 풀색이다. 묵은 가지는 잿빛이다. 가을에 노랗게 단풍이 든다.

고리버들(키버들)

2000년 5월 강원도 원주

잎은 가지에 마주 붙거나 3개씩 돌려 붙는다.
끝이 뾰족하고 가장자리에 톱니가 있거나 매끈하다.
잎 앞면은 진한 풀색이고 뒷면은 희다.
꽃은 3~4월에 잎보다 먼저 피거나 같이 핀다.
암꽃과 수꽃에 털이 있다. 열매는 5월에 여문다.

버드나무과 | *Salix koriyanagi*

고리버들은 개울가나 축축한 땅에서 무성하게 자란다. 줄기 껍질을 벗겨서 고리나 키를 만든다. 그래서 이름도 고리버들이다. 키버들이라고도 한다. 키는 곡식을 까불러서 껍데기나 지푸라기나 검불을 없앨 때 쓴다. 고리는 아래짝, 위짝이 있는 둥글납작한 바구니다. 옷이나 음식을 넣어 둔다. 시집갈 때 꼭 해 가던 혼수품이다. 대나무가 많이 나는 곳에서는 대나무로 엮기도 했지만 다른 곳에서는 버들가지로 많이 했다.

버들가지는 질기고 희고 매끈하다. 물이 한창 올랐을 때 베어서 껍질을 벗긴다. 겨울에 거둔 것은 푹 삶은 뒤에 벗긴다. 껍질을 벗겨 낸 뒤에 햇볕에 말린다. 가지가 휘거나 꼬이지 않게 한 묶음씩 묶어서 말렸다가 쓴다. 말린 싸리나 버들가지로 물건을 만들 때는 물에 축여 녹신녹신해진 다음에 쓴다. 고리, 광주리, 채반, 조리, 키, 바구니, 다래끼, 채독 같은 것을 만든다. 하얀 버들가지로 채반을 만들면 깨끗해서 음식을 담아 두기가 좋다.

고리버들은 강기슭이나 냇가에 심으면 잘 자란다. 공원에서는 큰키나무 아래에 심으면 보기 좋다.

2006년 6월 충북 충주

겨울에 잎이 지는 떨기나무다. 높이는 1~2m쯤 된다. 가지 색깔은 누런색, 붉은색, 밤색 여러 가지가 있다.

고욤나무

1999년 9월 강원도 원주

1998년 11월 강원도 원주

잎은 어긋나게 붙고 타원꼴이다. 잎 앞면은 풀색에 윤이 나고 뒷면은 희고 털이 있다. 늦은 봄에 햇가지에서 누런 꽃이 핀다. 가을에 작고 둥근 열매가 누르스름하게 여문다. 그러다 서리를 맞으면 검게 변하며 겉에 흰 가루가 덮인다.

감나무과 | 고욤나무 *Diospyros lotus*

    고욤나무는 감나무와 가까운 나무다. 나무 생김새도 비슷하고 열매나 꼭지를 약으로 쓰는 것도 같다. 감나무보다 키는 좀 작지만 추운 곳에서는 더 잘 자란다. 그래서 어린 고욤나무에 감나무 가지를 접붙이면 추위에 잘 견디는 튼튼한 감나무를 얻을 수 있다. 산기슭이나 낮은 산에서 저절로 자라는데 마을 가까이에 심기도 한다. 흙이 깊고 물이 잘 빠지는 땅에 심으면 잘 자란다.

    고욤나무 열매를 고욤이라 한다. 고욤은 둥글고 작은데 처음에는 노랗다가 점점 검게 익는다. 열매가 작다고 '콩감'이라고도 한다. 맛이 떫어서 그냥은 못 먹고 항아리에 넣어 푹 삭혀서 먹는다. 서리가 내린 뒤에 따서 삭힌 고욤은 몸에 좋다. 오래 두면 초가 생겨서 맛이 시고 끈적끈적해진다. 항아리에서 물러진 다음에는 으깨서 숟가락으로 떠 먹는다. 추운 겨울에 별미다. 감보다 씨가 많다.

    햇볕에 말린 고욤은 갈증을 풀거나 열을 내리는 약으로 쓴다. 동상에 걸렸을 때 고욤을 날것 그대로 찧어서 발라도 좋다. 여름에 풋고욤으로 즙을 짜서 옷감에 물을 들일 수도 있다.

겨울에 잎이 지는 큰키나무다. 키는 15m쯤 자란다. 줄기는 곧게 자라고 가지를 친다. 가지는 잿빛이며 어릴 때는 털이 있다가 자라면서 없어진다.

2000년 9월 강원도 원주

구기자나무

2000년 9월 충북 충주

잎은 타원꼴인데 끝이 뾰족하고 가장자리가 매끈하다. 5~9월에 연한 보라색 꽃이 핀다. 8월 지나서 핀 꽃들이 열매를 잘 맺는다. 열매는 둥글고, 7월부터 첫서리가 내릴 때까지 차례대로 붉게 여문다.

꿀풀과 | 물고추나무, 괴좆나무, 선장 *Lycium chinense*

구기자나무는 밭둑이나 냇가, 산비탈에서 저절로 자란다. 집 둘레와 우물가에 심어 기르기도 한다. 서늘한 날씨에서 잘 자라고 추위도 잘 견뎌서 우리나라 어느 곳에서나 기를 수 있다. 구기자나무는 햇가지에서 꽃이 피고 열매를 맺는다. 그래서 열매가 많이 열리도록 하려면 가지치기를 해 주는 것이 좋다. 구기자는 꽃이 피는 차례대로 가을 내내 여물기 때문에 익는 족족 따 준다.

잘 익은 구기자는 물이 많고 맛이 달다. 그냥 먹기도 하지만 보통은 말려 두었다가 먹는다. 보리차처럼 끓여 먹기도 하고 엿이나 술을 만들어 먹기도 한다. 구기자는 잔병을 막아 주고, 허리와 다리에 힘이 붙게 하고 피로를 풀어 준다. 오래 먹으면 눈도 밝아진다. 뿌리와 줄기와 잎도 약으로 써서 하나도 버릴 게 없다. 어린잎은 봄에 나물로 먹고 다 자란 잎은 여름과 가을에 따서 말려 두었다가 차를 끓여 마신다.

구기자나무는 씨앗을 심어서 기를 수 있지만 보통은 가지를 잘라서 심는다. 이른 봄 싹이 트기 전에 그 전해에 자란 가지를 15~20cm로 잘라서 심는다. 볕이 잘 들고 물이 잘 빠지는 땅에서 잘 자란다.

겨울에 잎이 지는 떨기나무다. 뿌리에서 많은 줄기가 뭉쳐난다. 줄기는 가늘고 길게 늘어진다. 가지는 연한 흰색을 띠는데 가시가 있는 것도 있다.

구상나무

2000년 3월 충북 충주

바늘잎은 짧고, 끝이 살짝 갈라져 오목하다. 뒷면이 희다. 4월에 암꽃과 수꽃이 한 그루에 함께 핀다. 열매는 위로 향하고 10월쯤에 풀색이나 붉은색, 또는 검은색으로 여문다. 여물면 씨가 조각조각 떨어진다. 씨는 세모지고 날개가 있다.

소나무과 | 제주백회 *Abies koreana*

 구상나무는 한라산, 덕유산, 지리산 같은 높은 산에 산다. 제주도 한라산 꼭대기에서는 구상나무가 넓게 퍼져서 살고 있다. 세찬 눈보라를 못 견디고 죽은 채로 서 있는 나무도 있고, 푸른 잎을 달고 늠름하게 자라는 나무도 있다. 구상나무는 우리나라에서만 난다.

 요즘은 나무모를 길러서 팔기도 한다. 나무 생김새가 아름다워서 공원이나 뜰에 심는 사람이 늘고 있다. 하지만 산꼭대기에서 자라던 나무여서 기르기가 쉽지는 않다.

 구상나무와 분비나무는 무척 닮았다. 생김새는 닮았는데 사는 곳이 다르다. 구상나무는 남쪽 지방 높은 산에서 살지만, 분비나무는 남쪽 지방에도 있고 북쪽 지방에도 있다. 두 나무가 어우러져 자라는 곳도 있다. 두 나무는 열매와 잎을 보고 알아본다. 둘 다 생김새가 좋고, 자라서는 훌륭한 재목이 된다.

 구상나무 목재는 연한 누런색이다. 집을 짓고, 가구를 만들고, 물건을 넣는 상자를 만든다. 지리산 밑에 사는 사람들은 구상나무를 베어다 똥장군을 만들어 똥거름을 날랐다.

겨울에도 잎이 지지 않는 늘푸른바늘잎나무다. 키는 5~7m이며 20m를 넘지 않는다. 줄기는 곧게 자라고, 가지를 빽빽하게 치며 위를 보거나 옆으로 뻗는다. 나무껍질이 잿빛이 도는 흰색이며 조금 갈라진다.

2000년 7월 경기도 국립수목원

국수나무

1998년 5월 강원도 원주

잎은 어긋나게 붙고 세모지다. 끝은 뾰족하고 가장자리에 톱니가 있다. 잎에 털이 있다. 6~7월에 흰 꽃이 햇가지 끝에 모여서 핀다. 열매는 둥글고 짧은 털이 나 있다. 8~9월에 여문다.

장미과 | *Stephanandra incisa*

　국수나무는 산어귀에 많이 자란다. 우거진 나무숲에도 많다. 국수나무는 줄기 속이 국수가락 같다고 해서 붙여진 이름이다. 가는 줄기를 잘라서 한쪽 끝을 철사로 밀어 내면 다른 한쪽 끝이 국수가락처럼 나온다. 예전에는 국수나무 줄기에서 심을 빼고, 속이 빈 줄기에 침을 넣어 새를 잡았다고 한다. 줄기를 끊어다가 광주리나 바구니를 만들기도 한다.

　여름에 흰 꽃이 많이 모여 피는데 향기가 좋다. 꿀도 많다. 가을에는 붉게 단풍이 든다. 나무가 보기 좋아서 공원에 심는다. 공원이나 뜰에서 기를 때는 큰 나무 아래에 심기도 한다. 국수나무 위에는 키가 큰 나무들이 많이 들어서 있다. 그 아래 자라는 국수나무는 큰 나무 가지 사이로 내리는 햇볕을 받아 살아간다. 국수나무는 가을이 되면 잎을 땅 위로 떨어뜨려서 흙을 기름지게 한다.

　국수나무는 씨앗을 심거나, 이른 봄에 나무를 캐어 포기를 갈라서 심는다. 이렇게 포기를 갈라서 심는 것이 쉽다. 심을 때는 큰 나무 아래에 심는다. 햇볕이 잘 들지 않는 비탈진 곳에 심어도 잘 자란다. 봄에 가지치기를 해 준다.

겨울에 잎이 지는 떨기나무다. 높이가 1~2m에 지나지 않는다. 줄기는 가늘고 무더기로 자라며 가지를 많이 친다. 어린 가지는 불그스름하다. 가을에 붉게 단풍이 든다.

2000년 8월 경기도 국립수목원

굴참나무

2000년 9월 강원도 원주

도토리

잎은 길쭉하고 가장자리에 가시 같은 톱니가 있다.
앞면은 풀색이고 뒷면은 털이 많아서 희게 보인다.
5월쯤에 꽃이 피고 암수한그루이다. 꽃이 핀
이듬해에 도토리가 익어 떨어진다. 도토리는 둥글고,
도토리집은 꼭지가 없고 긴 비늘쪽이 붙어서
뒤로 젖혀진다.

참나무과 | 구도토리나무, 물갈참나무, 부엽나무 *Quercus variabilis*

굴참나무는 낮은 산에 많다. 불이 난 곳이나 자갈밭에서 많이 자란다. 나무 껍질이 두꺼워서 다른 나무가 살지 못하는 메마른 땅에서도 잘 산다. 가을에 여무는 굴참나무 도토리는 알이 굵고 가루가 많이 나온다. 나무가 커야 도토리도 많이 달린다.

굴참나무는 자라면서 줄기에 폭신폭신하고 두꺼운 껍질이 생겨난다. 껍질은 가볍고 탄력이 있으면서 공기나 물이 새지 않고 열을 전하지 않는다. 그래서 껍질로 병마개나 낚시찌를 만든다. 굴참나무는 껍질을 벗겨도 안에서 새로 껍질이 나서 안 죽는다. 한 번 껍질을 벗긴 뒤 새 껍질이 자라면 또 벗겨 낼 수 있다. 껍질은 7월 중순에서 9월 중순 사이에 벗긴다.

산골 마을에서는 두꺼운 굴참나무 껍질로 지붕을 인다. 넓게 벗긴 껍질을 돌로 눌러 판판하게 펴 두었다가 여러 겹으로 덮어서 지붕을 인다. 굴참나무 껍질을 굴피라 하고 이것으로 지붕을 인 집을 굴피집이라고 한다. 굴피는 잘 썩지 않고 가볍다. 굴참나무 껍질은 그물을 물들이는 데도 쓴다.

2000년 12월 경기도 국립수목원

겨울에 잎이 지는 큰키나무다. 높이는 20m 안팎이다. 나무껍질은 처음에는 윤기가 나지만 점차 코르크질이 발달한다. 두꺼워지고 깊게 터지면서 검은색을 띠게 된다.

귤나무

진귤나무 *Citrus sunki*
1999년 1월 제주시 삼양동

온주밀감 꽃 1999년 5월 제주

진귤나무는 잎이 어긋나게 붙고 긴 타원형이며 끝이 뾰족하다. 잎자루에 날개가 없거나 있어도 좁다. 5월쯤에 향기가 좋은 흰 꽃이 핀다. 꽃이 진 자리에 작은 열매가 달리는데 처음에는 푸르다가 겨울에 누렇게 익는다.

운향과 | 감귤나무, 밀감나무

　귤은 겨울에 흔하게 먹는 과일이다. 껍질을 벗기기 쉬워서 먹기도 편하다. 잘 익은 귤은 조금 시면서도 달다. 귤나무는 제주도나 남해안 같은 따뜻한 곳에서 자라는 나무다. 봄에 흰 꽃이 피고 짙은 풀색 열매를 맺는데 열매는 가을부터 겨울 사이에 노랗게 익는다. 요즘은 온상에서 길러서 여름에도 귤이 나온다.

　귤나무는 접을 붙여서 기른다. 탱자나무에 귤나무 눈을 잘라다가 접을 붙인다. 접을 붙인 뒤 그 이듬해부터 꽃이 피고 열매가 달리기 시작한다. 처음 맺힌 열매는 따서 버린다. 먹을 만한 귤을 따려면 4~5년이 지나야 한다. 옛날부터 기르던 귤은 보통 씨가 있고 껍질이 두껍고 쓴맛이나 신맛이 강하다. 하지만 향기가 진하고 몸에 좋아서 지금도 차로 달여 마시고 약으로 쓴다.

　귤껍질을 햇볕에 말려 두고 약으로 쓴다. 귤껍질은 입맛이 없고 소화가 안 될 때나 기침이 나고 숨이 찰 때 약으로 쓴다. 차로 마실 때는 귤을 껍질째 잘게 저며서 꿀을 넣고 뜨거운 물을 부어서 마신다. 감기가 올 듯할 때 귤차를 마시면 땀이 나면서 열이 내린다.

진귤나무는 작은키나무다. 겨울에도 잎이 지지 않고 푸르다. 보호수로 기르는 나무는 키가 6m나 되지만 집 둘레나 과수원에서 기르는 것은 보통 3~4m이다. 어린 가지는 풀색이고 가시가 있다. 가지가 오래되면 옅은 갈색으로 바뀌고 가시도 떨어져 나간다.

1999년 1월 제주도 한림공원

낙엽송(일본잎갈나무)

수꽃 2000년 4월 강원도 원주

1996년 10월 강원도 원주

바늘잎은 보드랍고 짧은 가지에 수십 개씩 모여난다. 가을에 누렇게 단풍이 들며 얼마 동안 붙어 있다가 떨어진다. 봄에 꽃이 핀다. 열매는 9월에 익는데 작은 솔방울처럼 생겼다. 처음에는 풀색이다가 여물면서 누렇게 된다.

소나무과 | 창성이깔나무 *Larix kaempferi*

　낙엽송은 1904년에 일본에서 처음 들여왔다. 그 뒤 나무가 없는 산에 가장 많이 심어 왔다. 무척 빨리 자라서 우리 산을 푸르게 하는 데 큰 도움이 되었다. 줄기가 곧게 자라고 단단해서 집을 짓는 재목으로도 좋다.

　보통 바늘잎나무들은 겨울에도 잎이 지지 않는다. 그러나 낙엽송은 가을이 되면 잎이 누렇게 물들면서 떨어진다. 잎이 없이 빈 가지로 겨울을 나는 것이다. 그래서 잎이 지는 소나무라고 낙엽송이라는 이름을 붙였다. 낙엽송은 일본잎갈나무, 창성이깔나무라고도 한다.

　우리나라는 본디 이깔나무라는 토박이 나무가 있다. 이깔나무도 낙엽송처럼 가을이면 잎이 떨어지고 좋은 재목이 된다. 나무가 잘 썩지 않고, 단단하면서 가볍고, 여간해서 뒤틀리지 않는다. 집 지을 때 쓰고 철도 침목으로도 쓰고 가구로도 만든다. 추운 곳을 좋아해서 금강산 북쪽에서만 자라고 남쪽에는 자라지 않는다. 백두산 언저리에는 울창한 이깔나무 숲이 펼쳐져 있다.

겨울에 잎이 지는 큰키나무다. 키가 30m가 넘고 곧게 자란다. 나무껍질은 잿빛이 도는 밤색인데, 세로로 깊게 터지면서 긴 비늘 조각으로 떨어진다. 가지는 가늘고 옆이나 위를 향해서 뻗는다. 햇가지는 처음에는 연한 풀색이다가 점점 밤색이 된다.

2000년 12월 경기도 국립수목원

노간주나무

암꽃 1998년 4월 충북 제천

1997년 4월 충남 부여

바늘잎이 마디마다 세 개씩 돌려 붙는데 짧고 빳빳하다. 만지면 따갑다. 봄에 꽃이 피고 암수딴그루다. 열매는 처음에는 풀색이다가 꽃 핀 이듬해 가을에 검보랏빛으로 여문다. 열매는 둥근 알 모양이고 씨앗이 두세 개 들어 있다.

측백나무과 | 노가지나무, 노가지향나무, 토송 *Juniperus rigida*

　노간주나무는 향나무를 닮았다. 나무에서 향기가 나는 것도 비슷하다. 나무 모양이 아름답고 겨울에도 푸르러서 집 둘레에 울타리로 많이 심는다. 하지만 병을 옮길 수 있어서 배나무 곁에는 심지 않는다.

　노간주나무나 다래나무는 푹 삶거나 불에 쬐면 잘 휜다. 노간주나무는 아주 질겨서 소코뚜레로 제격이다. 물에도 잘 견뎌서 써렛대 꼬챙이로 쓴다. 써레는 논흙을 잘게 부수는 연장이다. 다른 나무는 잘 터지는데 노간주나무는 끄떡없다.

　씨앗으로는 기름을 짠다. 기름은 약으로 쓰는데 향이 무척 좋아서 술이나 음료수에도 넣는다. 옛날에는 불을 밝힐 때도 썼다.

　노간주나무 가지를 꺾어서 오래 두면 바싹 마른다. 잎이 단단해져서 만지면 손을 찌를 정도가 된다. 예전에는 쥐구멍을 노간주나무 가지로 막았다. 마루 밑에도 마른 가지를 넣어서 쥐가 못 다니게 했다.

겨울에도 잎이 지지 않는 늘푸른바늘잎나무다. 작은키나무고 줄기가 곧게 자란다. 가지는 위로 곧게 자라거나 옆으로 뻗어서 나무가 고깔 모양이 된다. 나무껍질은 짙은 밤색인데 세로로 깊게 터지면서 벗겨진다. 처음 난 햇가지는 풀색이다.

1998년 3월 강원도 원주

느릅나무

꽃 2000년 3월 충북 제천

2000년 5월 강원도 원주

잎은 어긋나게 붙고 거친 털이 있어 까끌까끌하다.
달걀 모양이고 끝은 뾰족하고 가장자리에 둔한
톱니가 있다. 앞면은 풀색이고 뒷면은 옅은 풀색이다.
4월에 잎이 나기 전에 옅은 풀색 꽃이 모여서 핀다.
열매는 6월에 여문다.

느릅나무과 | 왕느릅나무, 큰잎느릅나무, 야유 *Ulmus davidiana var. japonica*

　느릅나무는 산기슭에서 저절로 자라는 나무다. 충청북도, 강원도, 평안북도에 많고 함경북도에는 큰 느릅나무들이 자라고 있다. 느릅나무는 오래 살아서, 마을을 지켜 주는 서낭나무로 여겨 왔다.

　옛날에는 흉년이 들었을 때 느릅나무 껍질을 벗겨 먹고 살았다. 껍질을 우려낸 물에 쌀가루와 솔잎 가루를 섞어서 떡을 만들어 먹었다고 한다. 지금도 속껍질로 가루를 낸 것을 느릅쟁이라 하여 국수 만들 때 넣어 먹는다. 어린잎도 콩가루를 섞어서 나물로 무쳐 먹고 떡에 넣어 먹기도 한다.

　느릅나무 껍질을 느릅이라 하는데 쓸모가 많다. 봄에 물이 오를 때 벗겨서 말리면 얇은 갈색 끈이 된다. 짚신을 삼고, 종기를 치료하기도 한다. 속껍질을 꽈서 심지를 만들어 종기 난 자리에 박는다. 느릅나무 껍질을 박아 두면 고름이 나오고 상처가 덧나지 않고 잘 아문다. 나무를 태운 재는 도자기에 바르는 유약을 만들 때 쓴다.

　느릅나무는 무거우면서도 탄력이 있다. 틈이 벌어지지 않는다. 산골 마을에서는 느릅나무로 제기, 바리때, 반상기 같은 나무 그릇을 만들어 팔았다. 구부려서 쇠코뚜레도 만든다.

겨울에 잎이 지는 큰키나무다. 나무껍질은
어두운 잿빛이고 갈라진다. 햇가지는 풀빛이다가
차츰 갈색을 띤다.

2000년 2월 충북 제천

느티나무

1997년 4월 강원도 원주

잎은 어긋나게 붙고 달걀 모양이다. 길쭉하고 끝이 뾰족하게 생겼다. 잎 가장자리에는 톱니가 있다. 봄에 잎과 함께 자잘한 꽃이 핀다. 암꽃과 수꽃이 한 나무에 같이 핀다. 가을에 열매가 여문다.

느릅나무과 | 괴목, 정자나무 *Zelkova serrata*

　느티나무는 정자나무로 무척 좋은 나무다. 생김새가 아름답고 오래 산다. 줄기가 곧고 가지를 사방으로 고루 뻗는다. 여름이면 그늘이 참 좋다. 사람들은 넓은 느티나무 그늘 밑에서 땀을 식히고 낮잠도 자고 마을 일도 의논한다. 정월 대보름 무렵이면 나무에 제사도 지내고 나무 아래 모여서 풍물을 치고 놀기도 한다.

　본디 느티나무는 마을 가까이 산기슭에서 자라는 나무다. 물이 잘 빠지는 기름진 땅을 좋아한다. 요즘은 아파트나 길가에도 느티나무를 많이 심는다. 도시에서도 잘 자라고 공기를 맑게 해 준다.

　오래된 느티나무는 크고 좋은 목재가 된다. 나무가 단단하고 무늬가 고우며 다루기가 쉽고 잘 썩지 않는다. 가구나 악기, 농기구를 만든다. 느티나무 가지는 김을 양식하는 데 쓰고, 나무를 태운 재는 도자기에 바르는 유약 재료로 쓰인다. 어린잎은 데쳐서 나물로 먹는다.

　우리나라에는 천연기념물로 정해진 오래된 느티나무가 많다. 강원도 삼척시 도계읍에 있는 긴잎느티나무는 무려 1,200년이나 되었고, 경기도 양주군 남면에 있는 느티나무는 850년쯤 되었다고 한다.

1996년 12월 강원도 원주

겨울에 잎이 지는 큰키나무다. 큰 나무는 30m까지 자라며 지름이 2m쯤 된다. 나무 껍질은 밤색이고 비늘처럼 벗겨진다. 가지를 많이 치고 새 가지에는 가는 털이 난다.

닥나무

2000년 6월 강원도 홍천

잎은 달걀꼴인데 끝이 뾰족하고 가장자리에 톱니가 있다. 잎이 2~5갈래로 갈라진 것도 있다. 봄에 잎과 함께 꽃이 달린다. 열매는 가을에 붉게 익는데 뱀딸기와 비슷하게 생겼다.

뽕나무과 | 딱나무, 저실, 저목 *Broussonetia kazinoki*

닥나무는 산에서 저절로 자란다. 뜰이나 밭둑에 많이 심기도 한다. 줄기를 꺾으면 '딱' 하고 소리가 나서 '딱나무'라고도 한다. 꾸지나무처럼 종이를 만드는 나무는 다 닥나무라고 했다.

닥나무 껍질로 한지를 만든다. 한지로는 책을 만들고, 문에도 바르고, 장판을 만들 수 있다. 그래서 옛날부터 닥나무를 아주 귀하게 여기고 마을마다 나무 숫자를 적어 두고 보호하기도 했다. 11월에서 2월 사이에 닥나무를 베어 껍질을 벗긴다. 닥나무 껍질로 만든 종이는 빛깔이 곱고 질기다. 기름을 먹이면 더욱 튼튼해져서 옛날에는 군인들이 싸움터에서 치는 천막으로 쓰기도 했다.

예전에는 종이를 만들지 않더라도 집 뜰에 닥나무를 한두 그루씩 심었다. 닥나무 껍질을 벗겨 밧줄이나 노끈을 만들 수 있기 때문이다. 밭둑에 심으면 흙이 빗물에 쓸려 내리는 것도 막아 주었다. 봄에는 새순을 뜯어서 나물로 먹고, 가을에는 열매를 따 먹는다. 열매는 약으로도 쓴다. 닥나무 껍질로 팽이채도 만든다.

겨울에 잎이 지는 떨기나무다. 나무 밑동에서 가지를 많이 친다. 나무껍질은 어두운 밤색이다. 햇가지에는 짧은 털이 빽빽하게 나 있다.

2000년 8월 경기도 국립수목원

단풍나무

당단풍나무 *Acer pseudosieboldianum*
2000년 5월 강원도 치악산

당단풍나무는 잎이 마주나고 손바닥 모양이다.
9~11갈래로 깊게 갈라진다. 끝이 아주 뾰족하고
가장자리에는 톱니가 있다. 잎이 먼저 난 뒤
4~5월에 붉은 꽃이 핀다. 열매는 두 개가 쌍으로
붙고 날개가 있다. 여물면 빙글빙글 돌면서 떨어진다.

단풍나무과 | 참단풍나무

　단풍나무는 산골짜기에 사는 참나무들 사이에서 한두 그루씩 드문드문 자란다. 토끼와 노루는 단풍나무 잎을 무척 좋아한다. 산길을 걷다 보면 토끼와 노루가 뜯어 먹은 자국을 볼 수 있다. 예전에는 어린 단풍나무 잎을 뜯어다가 나물로 무쳐 먹곤 했다.

　산에 흔한 단풍나무는 단풍나무와 당단풍나무다. 단풍나무는 따뜻한 남쪽 지방과 제주도에서 잘 자란다. 한라산, 내장산에 많다. 당단풍나무는 단풍나무보다 북쪽 지방에서 잘 자라서 북한산이나 설악산에 많다. 단풍나무는 잎이 5~7갈래로 갈라지고, 당단풍나무는 9~11갈래로 갈라져서 잎을 보고 알아볼 수 있다.

　요즘은 단풍이 아름다워서 공원이나 길가에 많이 심는다. 손바닥처럼 생긴 잎사귀와 날개가 두 개씩 달린 열매도 보기가 좋다. 가을이 오면 잎이 붉게 물든다. 단풍나무는 목재로도 쓸 수 있다. 목재가 단단해서 그릇, 악기, 농기구 같은 것을 만들어 쓴다.

단풍나무는 겨울에 잎이 지는 작은키나무다.
나무는 높이 10m쯤 자란다. 나무껍질은
거칠고 갈라지지 않으며 잿빛이다. 어린 가지는
붉은 밤색인데 자라면서 잿빛이 돈다.
묵은 가지는 흰 가루가 덮인다. 가을에 붉게
단풍이 든다.

1999년 12월 강원도 치악산

대나무

맹종죽(죽순대)
Phyllostachys pubescens

조릿대
Sasa borealis

솜대(분죽)
Phyllostachys nigra var. henonis

왕대
Phyllostachys bambusoides

벼과 | *Phyllostachys*

　대나무는 모여서 자라 밭을 이룬다. 좋은 대밭은 따뜻한 남쪽 지방에 많다. 동해안에는 강릉이나 고성에, 서해안에는 서산에 좋은 대밭이 있다. 대나무는 물기가 많은 땅을 좋아한다. 높은 산등성이보다 평지를 좋아한다. 그래서 강을 따라 대밭이 생기기도 한다. 섬진강이나 영산강을 따라가다 보면 대밭이 많이 있다. 담양이나 하동, 구례는 좋은 대밭이 많기로 이름난 곳이다.

　봄이면 대나무 밭에 죽순이 뾰족뾰족 올라온다. 죽순은 땅 위로 올라와서 두 뼘이 되기 전에 캐 먹는다. 죽순이 너무 자라면 굳어져서 먹지 못한다. 죽순에는 독이 있어서 날로 먹지 않고 꼭 익혀서 먹는다. 구워서 껍질을 벗기고 소금에 찍어 먹거나, 삶아서 나물로 무쳐 먹는다. 소금에 절여 두면 일 년 내내 두고 먹을 수 있다. 죽순은 향긋하고 아작아작 씹히는 맛이 좋다.

　대나무는 남쪽 지방에서 없어서는 안 되는 나무다. 대를 베어다가 온갖 살림살이를 만들고 집을 짓는 데 쓴다. 집을 지을 때 대를 엮어 넣고 흙을 발라서 벽을 친다. 울타리를 만들고 대문도 단다. 줄기를 길고 얇게 찢어서 소쿠리나 채반이나 돗자리도 엮는다. 곡식을 까부는 키도 만든다. 남쪽 지방에서는 흔히 뒤뜰에 대나무를 심어 울타리로 삼았다. 뒤뜰에 대숲이 있으면 겨울에 북쪽에서 불어 오는 찬바람을 막아 준다.

맹종죽 2000년 10월 전북 전주수목원　　솜대 2000년 10월 충북 충주　　왕대 2000년 10월 전남 지리산

대추나무

꽃 1999년 6월 강원도 원주

1998년 9월 강원도 원주

잎은 어긋나게 붙는다. 잎 앞면은 풀색이고 윤이 난다. 햇가지에 꽃이 피고 열매가 달린다. 꽃은 초여름에 피는데 누르스름한 풀색을 띤다. 열매는 푸른색이다가 가을이 되면 붉게 익는다. 열매껍질은 반질반질하고 살은 달다. 열매 속에는 길고 단단한 씨앗이 들어 있다.

갈매나무과 | *Ziziphus jujuba* var. *inermis*

　대추나무는 대추를 따려고 기르는 과일나무다. 대추는 초가을에 익는데 처음에는 짙은 풀색이다가 익으면서 검붉게 된다. 알은 나무에 따라 잔 것도 있고 굵은 것도 있는데 굵은 것은 어른 엄지손가락보다 크다. 풋대추는 약간 신맛이 나고 쌉싸름하다. 붉게 익어 가면서 점점 달아진다. 붉게 익은 대추를 따서 말리면 껍질이 쭈글쭈글해진다. 속살은 누렇게 되면서 쫄깃쫄깃해지고 맛은 더 달아진다. 말린 대추는 두고두고 먹는다. 떡에도 넣고 약으로도 쓰고 제삿상에도 올린다.

　대추나무는 옛날부터 집 근처나 밭둑에 많이 심었다. 씨앗이나 가지를 심어서 기르는데, 심은 지 3년쯤 지나면 열매를 따 먹을 수 있다.

　야무지고 모진 사람을 두고 대추나무 방망이라고 한다. 대추나무 방망이는 예전에 끌을 두드리는 데 썼던 연장이다. 대추나무는 방망이를 만들 수 있을 만큼 단단하다. 홍두깨, 떡메, 필통, 망건통, 수레바퀴 축이나 문지방을 만들었다. 여러 가지 무늬나 글자를 새겨서 떡살을 만들기도 한다.

겨울에 잎이 지는 작은키나무다. 큰 것은 높이가 10m에 이른다. 나무껍질은 잿빛 밤색인데 벗겨지면서 터진다. 가지를 많이 치고 잔가지가 있다. 잔가지는 붉은 밤색이고 윤이 난다.

1996년 12월 강원도 평창

독일가문비나무

2000년 1월 강원도 횡성

잎은 한 가닥씩 가지에 돌려 붙고 끝이 뾰족하다. 겨울눈은 붉은빛이 돌거나 연한 갈색이다. 꽃은 봄에 피는데 암수한그루이다. 가늘고 긴 열매가 밑으로 늘어지며 달린다. 처음에는 자줏빛이 도는 푸른색이다가 여물면서 연한 갈색으로 바뀐다.

소나무과 | 독일가문비, 노르웨이가문비 *Picea abies*

　독일가문비나무는 공원이나 아파트에서 자주 볼 수 있는 나무다. 예전부터 우리나라에서 자라던 나무는 아니고, 1920년쯤에 유럽에서 들어왔다. 유럽에서는 독일가문비나무가 무리지어 큰 숲을 이룬다.

　유럽에서는 노르웨이가문비라고 한다. 독일에서 옮겨 왔기 때문에 우리나라에서는 독일가문비라는 이름으로 굳어졌다.

　독일가문비나무 잎은 소나무처럼 늘 푸른 바늘잎이다. 겉모습이 고깔 모양이고 곁가지가 촘촘히 붙기 때문에 크리스마스 트리 장식을 하기에 좋다.

　우리나라에서 나는 가문비나무는 높은 산에서 자란다. 독일가문비나무처럼 키가 아주 크게 자란다. 독일가문비나무는 재질이 아름답고 나뭇결이 좋다. 독일가문비나무 숲이 많은 유럽에서는 통나무집을 잘 짓는다. 보온이 잘 되고 나무 향기가 오래 남아 있어서 좋다. 목재가 알맞게 부드럽고 끌과 대패를 잘 받아서 가구를 만들 때도 많이 쓰인다. 노르웨이나 스웨덴에서는 종이 원료로 독일가문비나무를 쓴다.

2001년 1월 강원도 원주

겨울에 잎이 지지 않는 늘푸른바늘잎나무다. 곁가지가 수평으로 뻗고, 곁가지에서 갈라진 작은 가지는 아래로 처져서 전체가 고깔 모양을 이룬다. 나무껍질은 붉은 밤색이나 잿빛인데 얇은 비늘 조각으로 벗겨진다.

돌배나무

1998년 4월 강원도 원주

잎은 달걀 모양이며 끝이 뾰족하고 밑은 둥글다. 잎 가장자리에 잔 톱니가 있다. 4~5월에 흰 꽃이 가지 끝에 모여서 핀다. 8~9월에 돌배가 여문다. 돌배는 지름이 2~4cm쯤 된다. 덜 익었을 때는 퍼렇다가 익으면서 색이 누렇게 된다.

장미과 | 산배나무 *Pyrus pyrifolia*

돌배는 아주 옛날부터 우리 조상들이 즐겨 먹던 과일이다. 지금 밭에서 기르는 배보다 크기가 훨씬 작다. 아기 주먹만 하다. 돌배는 달고 향기가 좋다. 따서 바로 먹을 수 있다. 얼려 먹기도 하고 말려서 차처럼 달여 먹기도 한다. 씨앗으로 기름을 짠다.

8~9월에 열매가 누렇고 향기로워지면 돌배를 딴다. 가지를 흔들어서 따는데 나무가 키가 작거나 가지가 낮을 때는 손으로 딴다. 땅에 떨어져서 익은 것을 주워도 된다. 돌배는 겉이 딱딱하고 씨가 검다. 독이나 항아리 속에 넣고 뚜껑을 덮어 두면 돌배 색이 검어지면서 향기도 짙어지고 맛도 더 달아진다.

나무가 자라는 곳에 따라서 돌배 크기도 다르고 맛도 다르다. 딸 수 있는 양도 다르다. 물이 흐르지 않는 산골짜기에서 딴 돌배는 딱딱하게 씹히는 게 많고 덜 달고 크기도 작다. 맛도 별로여서 그냥은 못 먹는다. 다른 나무에 가려서 자란 나무는 돌배가 적게 달린다.

돌배나무 목재는 무겁고 단단하다. 또 매끄럽고 갈색빛이 난다. 악기, 가구, 합판을 만들어 쓴다. 해인사 팔만대장경 경판을 만드는 데도 돌배나무를 썼다. 감나무, 밤나무와 마찬가지로 과일도 먹을 수 있고 목재로도 좋은 나무여서 소중히 여겨 왔다.

2007년 4월 경기도 광릉

겨울에 잎이 지는 큰키나무다. 키가 15m에 이르는 것도 있다. 한두 그루만 자라거나 무리를 지어 자란다.

동백나무

1997년 2월 경남 거제도

동백씨

잎은 두텁고 윤이 난다. 타원꼴인데 끝은 뾰족하고 가장자리에 톱니가 있다. 12월에서 4월 사이에 가지 끝에서 붉은 꽃이 핀다. 10월에 둥근 열매가 여물면서 세 갈래로 갈라져 터진다. 열매 속에 큼지막한 진밤색 씨앗이 두세 개 들어 있다.

차나무과 | 산다 *Camellia japonica*

동백나무는 추운 겨울과 봄 사이에 꽃이 핀다. 어떤 나무보다 먼저 핀다. 눈이 다 녹기 전에 피기도 한다. 동백꽃은 꽃잎이 붉고, 수술이 노랗다. 꽃이 질 때는 윤기가 나는 푸른 잎 사이에서 붉은 꽃이 송이째 뚝 떨어진다.

동백나무는 남해안과 제주도에서 많이 자란다. 전라남도 홍도, 흑산도, 보길도와 경상남도 거제도, 충청남도 외연도 같은 섬과 백양사, 선운사, 백련사 같은 절은 동백꽃으로 이름난 곳이다. 꽃이 필 무렵이면 동백꽃을 보려고 일부러 먼 곳에서 사람들이 찾아오곤 한다.

가을에 여문 동백씨를 모아서 기름을 짠다. 동백기름은 맑고 노랗다. 오래 두어도 변하거나 굳지 않고 병뚜껑을 열어 두어도 잘 날아가지 않는다. 나물을 무칠 때도 넣지만 머릿기름으로 더 많이 썼다. 예전에는 여자들이 머리를 곱게 빗은 다음 머리에 동백기름을 발랐다. 동백기름을 바르면 머리가 차분하게 가라앉고 오래도록 윤이 난다.

인천시 옹진군 대청도는 동백나무가 자랄 수 있는 북쪽 한계다. 그래서 대청도 동백 숲은 천연기념물로 정해졌다. 전라북도 고창군 선운사에 있는 동백 숲도 천연기념물이다.

겨울에도 잎이 지지 않는 작은키나무다. 키가 7m쯤 된다. 나무껍질은 잿빛인데 매끈하다. 가지에 털이 없다.

2000년 10월 충남 서천

두릅나무

새순 2000년 5월 강원도 원주

2000년 8월 강원도 원주

잎은 두 번 깃털 모양으로 갈라진 겹잎이다. 어긋나게 붙는데 가지 끝에서는 모여난다. 어린잎은 잎자루에 가시가 있는데 자라면서 없어진다. 여름에 흰 꽃이 무더기로 핀다. 가을이면 둥근 열매가 검게 익는다.

두릅나무과 | 참두릅나무, 목두채, 총목, 문두채, 요두채 *Aralia elata*

두릅나무는 줄기가 온통 가시로 덮여 있다. 예전에는 엄나무와 함께 잡귀를 쫓는다고 대문 위나 안방 문 위에 얹어 두었다. 햇빛을 잘 받는 산비탈이나 숲 가장자리에서 저절로 자라는데 마을 가까이 심어 기르기도 한다.

봄에 돋는 새순을 두릅이라고 해서 옛날부터 산나물로 널리 먹어 왔다. 보통 4월 초부터 싹이 나니 다른 나무들보다 일찍 싹이 트는 셈이다. 어린싹이 한 뼘쯤 되었을 때 딴다. 늦게 따면 순이 단단해져서 못 먹는다. 줄기에 온통 뾰족한 가시가 덮여 있어서 조심하지 않으면 따다가 가시에 찔리기 쉽다.

새순은 살짝 데쳐서 초고추장에 찍어 먹는다. 오래 삶으면 흐물흐물해져서 못 쓴다. 양념을 해서 구워 먹거나 튀겨 먹어도 맛이 좋다. 맛이 담백하고 향긋한데 요즘은 산에서도 보기가 드문 무척 귀한 산나물이 되었다. 온상에서 기르는 것도 있는데 연하기는 해도 향기가 아무래도 덜하다.

두릅나무는 씨앗을 심거나 뿌리를 심어서 기른다. 가을에 씨앗이 익으면 따서 땅에 묻어 두었다가 봄에 심는다. 뿌리를 잘라 심으면 잘 자라고, 짧은 시간에 나무모를 많이 길러 낼 수 있다.

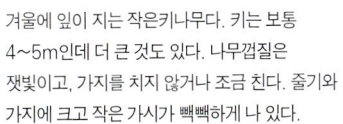
겨울에 잎이 지는 작은키나무다. 키는 보통 4~5m인데 더 큰 것도 있다. 나무껍질은 잿빛이고, 가지를 치지 않거나 조금 친다. 줄기와 가지에 크고 작은 가시가 빽빽하게 나 있다.

2000년 8월 강원도 원주

떡갈나무

도토리

2000년 9월 강원도 원주

잎은 어긋나게 붙는데 가지 끝에 붙는 잎은 여러 개가 모여 붙는다. 잎자루는 굵고 짧아서 거의 없다시피 하다. 잎 뒤에는 털이 나 있다. 꽃은 5~6월에 피는데 암수한그루이다. 열매는 꽃이 핀 그해 가을에 여물고, 여물면 도토리집에서 빠져나온다.

참나무과 | 가랑잎나무, 참풀나무, 가래기나무, 갈잎나무 *Quercus dentata*

떡갈나무는 아주 높은 산에는 없다. 양지바른 곳에서 잘 자라는데 강가나 산자락처럼 낮은 곳에서 많이 볼 수 있다. 참나무 중에서 가장 잎이 크고, 도토리도 커서 쉽게 알아볼 수 있다. 요즘은 곧고 크게 자란 떡갈나무는 보기 힘들고, 나무 밑동에서 가지를 여러 갈래로 뻗은 작은 나무를 쉽게 볼 수 있다.

떡갈나무 도토리는 커서 가루가 많이 난다. 도토리로 밥, 묵, 엿, 떡, 빈대떡, 국수 같은 온갖 것을 다 해 먹는다. 예전에 산골 마을에서는 끼니 삼아 먹기도 했다. 떡갈나무는 잎이 커서 긁어다가 밭에 거름으로 쓰거나 집짐승을 먹이기에 좋다. 다른 참나무처럼 줄기는 베어다가 표고버섯을 기른다.

떡갈나무는 바닷가에서도 잘 자란다. 바닷가 마을에서는 이른 여름에 떡갈나무 껍질로 그물에 물을 들였다고 한다. 떡갈나무 껍질을 오랫동안 삶으면 붉은 물이 우러나온다. 그물에 떡갈나무 물을 들이면 바닷물이 스며들지 않아서 그물이 잘 안 썩는다. 이처럼 떡갈나무에서 우려낸 물로 물들이는 것을 '갈물들인다'고 한다.

겨울에 잎이 지는 큰키나무다. 나무껍질은 굳고 두꺼우며 어두운 잿빛이다. 줄기는 어릴 때는 매끈하다가 나이가 들면서 갈라지고 울퉁불퉁하게 된다.

2000년 3월 강원도 원주

리기다소나무

2000년 1월 강원도 횡성

바늘잎이 3개씩 모여 붙는다. 바늘잎은 진한 풀색인데 빽빽하게 붙어서 더 진해 보인다. 5월 초에 암꽃과 수꽃이 한 그루에 같이 핀다. 솔방울은 햇가지에 3~5개씩 달리는데 꽃 핀 다음해 10월에야 여물면서 벌어진다. 솔방울은 씨앗이 날아간 다음에도 오랫동안 가지에 붙어 있다.

소나무과 | 세잎소나무, 삼엽송, 미송 *Pinus rigida*

　리기다소나무는 미국에서 들여왔다. 한 다발에 솔잎이 세 개씩 나서 세잎소나무라고도 한다. 광복이 된 뒤에 산에 나무가 없을 때 많이 심은 나무 중에 하나다. 리기다소나무는 척박한 땅에서도 잘 자란다. 추위에도 잘 견디고 병충해에 견디는 힘도 세다. 송충이나 솔잎혹파리에게도 크게 해를 입지 않는다.

　리기다소나무는 솔방울이 많이 달린다. 씨앗이 많이 생겨서 나무모를 기르기가 좋다. 게다가 씨앗이 싹도 잘 트고, 어린 나무도 병충해를 잘 입지 않는다. 산에 내다 심으면 잘 산다. 윗줄기가 잘려도 새로 움이 돋아서 죽지 않고 살 수 있다. 이처럼 잘 자라고 나무 모양도 좋아서 숲을 가꾸는 데 좋다.

　가지는 쳐서 땔나무로 쓰는데 불땀이 좋다. 줄기가 곧아서 곳간이나 짐승 우리를 만들고 말뚝으로도 쓴다. 목재가 소나무처럼 좋지는 않다.

겨울에도 잎이 지지 않는 늘푸른큰키나무다. 높이는 보통 15~20m이다. 나무껍질은 붉은 밤색이다. 소나무보다 더 거칠고 깊게 터진다. 햇가지는 해마다 2~3개씩 곁가지를 치며 자란다.

2000년 9월 강원도 원주

마가목

1998년 5월 강원도 원주

잎은 깃꼴겹잎이며 쪽잎은 9~13장이 붙는다.
버들잎처럼 생겼고 가장자리에 톱니가 조금 있다.
앞면에 연한 털이 있다. 5~6월에 흰 꽃이 무더기로
핀다. 9~10월에는 작고 둥근 열매가 붉게 여문다.
속살은 노랗다.

장미과 | *Sorbus commixta*

　마가목은 본디 깊고 높은 산 중턱이나 산꼭대기에서 한데 모여 산다. 요즘은 공원이나 아파트 단지에도 많이 심는다. 가을에 붉은 단풍이 들고, 작고 빨간 열매가 탐스럽게 달린다. 산에서 도시로 옮겨다 심어도 공기 오염에 강해서 잘 산다. 산에서처럼 단풍이 곱지는 않다.

　마가목 열매는 먹을 수 있다. 산새도 먹고 사람도 먹는다. 약으로 쓰기도 한다. 날이 추워져도 나무에 오랫동안 달려 있어서 꽤 늦게까지 딸 수 있다. 맛이 떫거나 쓴 것도 있고, 달고 상큼한 것도 있다. 열매를 얼리면 더 달아지고 떫은맛과 쓴맛이 줄어든다. 씨로는 기름을 짜는데 빛깔이 누렇고 단맛이 난다.

　마가목은 나무가 단단하고 빛깔이 좋고 윤이 나서 가구를 만들기에 좋다. 또 단단한데다가 잘 갈라지지 않아서 조각을 한다. 지팡이로도 많이 쓴다.

　마가목은 봄과 가을에 나무껍질을 벗겨 햇볕에 말리고, 가지도 따로 말린다. 가래를 삭이고 기침을 멈추게 하며 통증을 달래고 몸을 튼튼하게 한다. 열매는 혈압을 낮추고 오줌을 잘 누게 한다.

겨울에 잎이 지는 작은키나무다. 키는 6~8m쯤 된다. 나무껍질은 검은 잿빛이다.

2000년 12월 충북 제천

매실나무(매화나무)

꽃 1998년 3월 강원도 원주

1998년 6월 강원도 원주

잎은 어긋나게 붙고 타원꼴이다. 잎 끝이 뾰족하고 가장자리에 톱니가 있다. 잎이 피기 앞서 3~4월에 묵은 가지에 꽃이 핀다. 꽃은 흰색이나 연한 붉은색이고 향기롭다. 열매는 처음에는 푸르다가 6월에 누렇게 익는다. 씨앗은 딱딱하고 주름이 있다.

장미과 | *Prunus mume*

매실나무는 이른 봄에 꽃이 피는데 꽃 이름을 따서 매화나무라고도 한다. 오래전부터 꽃을 보거나 열매를 먹으려고 심어 길렀다. 꽃잎은 말려 두었다가 향기로운 매화차를 끓여 마시기도 한다.

꽃이 지고 나서 얼마 지나지 않아 매실이 달린다. 매실은 맛이 몹시 시고 떫다. 5월 말에서 6월 초면 매실을 딸 수 있다. 매실은 누렇게 익기 전에 아직 푸를 때 딴다. 날로 먹지 않고 차와 장아찌를 만들어 먹는다. 매실 장아찌는 짭짤하면서도 신맛이 돌아 입맛을 돋우고 소화를 돕는다. 여름에 매실차를 마시면 배탈이 나지 않고 더위를 타지 않아 좋다. 매실로 잼도 만들고 술도 담근다.

옛날 속담에 "벚나무 끊는 바보, 매화나무 안 끊는 바보"라는 말이 있다. 매실나무는 가지를 잘라서 모양을 다듬어 줄수록 좋아지고 벚나무는 가지치기를 하면 가지를 끊은 자리가 썩게 된다는 것이다.

매실나무는 본디 따뜻한 곳을 좋아하는 나무지만 추위나 가뭄에 잘 견뎌서 우리나라 어디서나 기를 수 있다. 꺾꽂이를 하거나 씨앗을 심어 기르는데 여름에 잘 익은 씨를 모아 축축한 모래에 묻어 두었다가 이듬해 봄에 뿌리면 잘 자란다. 뿌리가 얕게 자라기 때문에 물이 잘 빠지는 곳에 심는다.

겨울에 잎이 지는 작은키나무다. 나무껍질은 잿빛이거나 풀색을 띤 잿빛인데 딱딱하다. 짧은 가지에는 털이 없거나 잔털이 조금 나 있다. 가늘고 풀색을 띤다. 묵은 가지에는 잔가지가 가시로 변한 것이 있다.

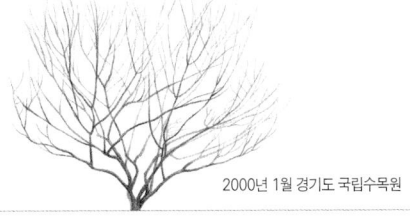

2000년 1월 경기도 국립수목원

명자나무

1998년 4월 강원도 원주

잎은 어긋나게 붙고 타원형이다. 가장자리에 톱니가 있다. 잎 앞면은 색이 진하고 윤기가 나고 뒷면은 누르스름한 풀색이다. 4월쯤에 잎보다 먼저 진한 붉은색 꽃이 핀다. 흰 꽃이 피는 나무도 있다. 9월쯤 둥근 열매가 누렇게 여문다.

장미과 | 산당화, 아가씨꽃나무, 가시덕이, 명자꽃 *Chaenomeles speciosa*

　명자나무는 본디 중국에서 나는 나무다. 우리나라 어디서나 잘 자란다. 모과나무처럼 꽃이 아름답고 열매가 향기로워서 공원이나 뜰에 많이 심는다. 키가 나지막해서 크게 자라도 어른 키를 넘지 않는다. 가시가 있고 가지치기를 해도 잘 살아서 산울타리로 가꾸기도 한다. 이른 봄에 잎보다 먼저 분홍빛 꽃이 핀다. 흰 꽃이 피는 나무도 있다. 꽃 빛깔과 생김새가 다른 여러 가지 품종이 있다.

　가을에 사과만 한 열매가 누렇게 여문다. 향기가 좋아서 그대로 먹기도 하고 술을 담그기도 한다. 익은 열매를 두세 쪽으로 쪼개서 햇볕에 말려 약재로 쓴다. 빈혈 치료에 쓴다. 기침을 멎게 하고 가래를 삭인다. 갈증을 멈추고 땀도 삭인다.

　명자나무는 가지를 눌러서 심거나, 씨앗을 심거나, 포기를 나눠 심는다. 햇빛을 좋아하는 나무인데 추위에도 잘 견딘다. 기름진 땅에서 잘 자란다. 꽃은 두 해 된 가지에서 핀다.

2000년 7월 경기도 국립수목원

겨울에 잎이 지는 떨기나무다. 키는 2m에 이른다. 줄기는 곧게 자란다. 나무껍질은 매끈하고 가지에 가시가 있다. 어린 가지는 밤색이다.

모과나무

꽃 1998년 4월 강원도 원주

1998년 9월 강원도 원주

잎은 타원꼴이다. 끝이 뾰족하고 가장자리에 뾰족한 잔톱니가 있다. 잎 앞면은 털이 없고 윤기 나는 풀색이다. 5월에 햇가지 끝에 연분홍빛 꽃이 한 개씩 핀다. 잎과 함께 피거나 잎보다 먼저 핀다. 둥근 열매가 가을에 노랗게 익는다. 익은 열매는 향기롭고 속살은 단단하다.

장미과 | 모개나무 *Chaenomeles sinensis*

　모과는 생김새가 울퉁불퉁하다. 향기가 아주 좋고 몸에도 좋다. 무엇보다 목에 이롭다. 목이 붓거나 아플 때 또 기침이 날 때 먹으면 좋다. 모과는 시고 떫은맛이 난다. 날로는 못 먹고 차를 만들어 먹는다. 얇게 저민 모과를 꿀이나 설탕에 재웠다가 뜨거운 물을 부어 우린다.

　모과나무는 따뜻한 곳을 좋아해서 남쪽 지방에서 잘 자란다. 저절로 자라기도 하지만 보통 집 가까이에 심어 기른다. 모과나무는 봄에 붉은 꽃이 핀다. 다른 봄꽃처럼 무더기로 피지 않고 드문드문 피지만 하도 꾸준하게 피어서 가을이 되면 가지가 늘어지도록 열매를 맺는다. 열매는 처음에는 푸르스름하다가 노랗게 익는데 향기가 좋아 차 안이나 사무실이나 방 안에 두면 두고두고 향기를 즐길 수 있다. 모과나무 목재는 무늬가 아름답고 결이 부드러워서 가구를 많이 만든다. 화초목이나 화류목이라고 한다.

　모과나무는 기르기가 쉽다. 열매에 든 까만 씨앗을 골라 가을에 뿌려 놓으면 봄에 싹이 트고 빠르게 자라 모를 얻을 수 있다. 꺾꽂이를 해도 잘 자란다. 흙이 깊고 물이 잘 빠지는 땅에 심는 것이 좋다. 햇빛이 너무 강하면 줄기가 죽기 쉬우니까 조심해야 한다.

겨울에 잎이 지는 작은키나무다. 높이는 5~8m이다. 나무껍질은 풀색을 띤 밤색이고 매끈하다. 껍질이 조각조각 떨어져서 줄기가 얼룩덜룩해 보인다.

2000년 12월 경남 하동

목련

꽃 1996년 4월 서울 창동

백목련 겨울눈 *Magnolia denudata*
1995년 12월 서울 창동

백목련은 잎이 어긋나게 붙고 타원꼴이다.
앞면에 털이 조금 있고 뒷면은 옅은 녹색이다.
잎맥에도 털이 나 있다. 4월 중순에 잎보다 먼저
크고 흰 꽃이 가지 끝에 핀다. 향기가 있다.
열매는 가을에 갈색으로 여문다.

목련과 | 목란, 목연, 두란, 신이, 목필

　목련은 연꽃처럼 크고 아름다운 꽃이 핀다. 개나리, 진달래, 벚꽃처럼 이른 봄에 꽃이 피는 나무다. 빈 나뭇가지에 잎보다 먼저 둥근 꽃봉오리가 달리고 며칠 뒤에 활짝 피어난다. 하얀 목련꽃은 아름답고 향기가 좋다. 잎은 꽃이 질 때쯤에야 나온다.

　보통 식물도감에 나오는 목련은 제주도 한라산에서 자라는 토박이 나무를 말한다. 그리고 공원이나 집 마당에 심어 놓은 목련은 대부분 중국에서 들여온 백목련이다. 우리가 목련으로 알고 있는 나무는 거의 백목련이다. 짙은 자주색 꽃이 피는 자목련은 목련보다 꽃이 늦게 핀다. 산골짜기에서 자라는 함박꽃나무를 산목련이라고 하기도 한다.

　목련은 꽃봉오리를 약으로 쓴다. 한약방에서는 이른 봄 꽃이 피기 전에 꽃봉오리를 따서 바람이 잘 통하는 그늘에 말린다. 머리나 가슴이 아플 때, 이빨이 아프거나 코가 막혔을 때 달여 먹는다. 목련, 백목련, 자목련 모두 약효는 같다.

백목련은 겨울에 잎이 지는 큰키나무다. 키가 15m에 이른다. 가지가 굵고 많이 갈라진다. 줄기 껍질은 잿빛이다. 어린 가지와 겨울눈에 털이 있다.

백목련 1999년 4월 강원도 원주

무궁화나무

열매와 씨 1998년 1월 강원도 원주

1996년 8월 경기도 고양

잎은 어긋나게 붙는데 세 갈래로 얕게 갈라지고 가장자리에 톱니가 있다. 잎 양쪽에는 털이 성글게 나 있다. 꽃은 한여름부터 가을까지 햇가지 끝에 한 개씩 핀다. 꽃잎은 다섯 개인데 밑부분은 맞붙었다. 열매는 둥글고 털이 빽빽이 나 있다. 가을에 여물면 다섯 조각으로 갈라지면서 터진다.

아욱과 | 무우게, 무강나무, 목근, 순화 *Hibiscus syriacus*

무궁화나무는 옛날부터 뜰에 심어 길렀다. 꽃이 크고 아름답고 오랫동안 핀다. 꽃은 흰빛, 보랏빛, 붉은빛 여러 가지가 있다. 무궁화꽃 한 송이가 아침에 활짝 피었다가 저녁이면 진다. 꽃 한 송이 한 송이가 여름부터 가을까지 잇달아 피고 진다.

"무궁화꽃이 일찍 피면 서리가 일찍 온다.", "무궁화꽃 핀 지 백일이면 서리가 온다."는 말이 있다. 그래서 첫 꽃이 일찍 피는 해는 첫서리도 빨리 내린다고 짐작해서 가을걷이를 서둘렀다.

무궁화나무는 울타리로 좋다. 촘촘히 심어서 그대로 울타리로 삼기도 하지만 가지치기를 해서 높이와 모양을 알맞게 가꿀 수도 있다. 가을이나 봄에 줄기 위를 잘라 주면 곁가지를 많이 친다. 품종에 따라 꽃 빛깔과 생김새가 여러 가지다.

무궁화나무는 껍질과 꽃을 약으로 쓴다. 봄에 뿌리껍질이나 줄기 껍질을 벗겨서 햇볕에 말린다. 꽃은 따서 그늘에 말린다. 껍질은 장에서 피가 날 때 피를 멎게 하는 약으로 쓴다. 꽃은 설사를 멎게 하는 약으로 쓴다.

2000년 8월 강원도 원주

겨울에 잎이 지는 떨기나무다. 높이 2~3m 정도로 자란다. 줄기는 곧게 자라는데 가지를 많이 친다. 가지는 잿빛이 도는 흰빛이다. 어린 가지에는 잔털이 많지만 자라면서 점점 없어진다.

무화과나무

1998년 11월 전남 목포

잎은 어긋나게 붙고 잎자루가 길다. 크고 두꺼우며 손바닥 모양이다. 꽃주머니가 봄부터 여름 동안 달린다. 꽃주머니 겉은 풀색이고 매끈하며 속은 수많은 작은 꽃으로 차 있다. 가을에 열매가 검붉은색, 누런색으로 여문다.

뽕나무과 | *Ficus carica*

　무화과나무는 외국에서 들여와 심어 기르는 나무다. 본디 지중해와 아라비아 남부에서 자라던 나무인데 추위에 약해서 전라남도, 경상남도, 제주도에 많이 심어 기른다. 서해 백령도에도 많다. 우리나라에는 60년쯤 전에 들여와서 양지바른 뜰이나 온실에 주로 심었다. 다른 과일나무처럼 밭을 만들어 기르기도 한다.

　무화과나무는 꽃이 봄부터 여름에 걸쳐 잎겨드랑이에 돋아난 주머니 안에서 핀다. 꽃주머니는 매끈하고 풀색인데 그 안에 작은 꽃이 많이 달린다. 가을이면 꽃주머니가 익어 그대로 열매가 된다. 무화과나무란 꽃이 피지 않고 열매를 맺는 나무라는 뜻이다. 꽃이 주머니 안에서 피고 보이지 않아서 이런 이름이 붙었다.

　무화과는 맛이 달고 향기가 좋다. 끝에서부터 붉게 익는데 익을수록 맛이 달아진다. 잘 익은 무화과는 주름살이 조금 있고 물렁물렁해서 그냥 먹어도 좋다. 가을에 익은 열매를 따서 햇볕에 말려 두었다가 약으로 쓴다. 위를 든든하게 하고 혈압을 낮춰 준다. 입맛이 없고 소화가 안 될 때 달여 먹어도 좋다.

겨울에 잎이 지는 작은키나무다. 키가 2~4m쯤 되게 자란다. 가지를 많이 친다. 나무껍질은 밤색이고 상처가 나면 흰 즙이 흘러나온다.

1996년 8월 경북 영덕

물박달나무

수꽃 2000년 5월 강원도 횡성

암꽃

2000년 8월 강원도 원주

잎은 어긋나게 붙고 달걀꼴이다. 잎 끝은 뾰족하고 가장자리에 톱니가 있다. 4~5월에 암꽃과 수꽃이 한 나무에서 핀다. 10월에 열매가 여문다.

자작나무과 | 째작나무, 사스레나무, 흑화, 소단목 *Betula davurica*

　물박달나무는 양지바른 산 중턱에서 신갈나무나 박달나무 같은 나무와 섞여서 자란다. 이른 봄에 물박달나무 줄기에 구멍을 내어 흘러내린 물을 받는다. 경상북도 성주에서는 곡우 무렵 거제수나무와 물박달나무에서 물을 받는다. 이것을 '곡우물'이라고 한다. 위장병, 신경통, 관절염, 변비에 좋다고 알려져 있다.

　물박달나무는 줄기가 곧고 빠르게 자란다. 큰 나무는 지름이 50cm에 이른다. "문경새재 물박달나무 홍두깨 방망이로 다 나간다."는 노래가 있다. "딱딱하기가 삼 년 묵은 물박달나무 같다."는 말도 있다. 삼 년 묵은 물박달나무는 무척 단단하고, 휘거나 부러지지도 않는다. 그래서 고집이 몹시 센 사람을 물박달나무에 견주어서 하는 말이다.

　물박달나무 목재는 누런 밤색이다. 단단해서 홍두깨, 곤봉, 다듬잇방망이, 가구, 참빗, 수레바퀴를 만드는 데 쓴다. 조각을 하고 집을 짓는 데도 쓴다. 자작나무처럼 껍질로 공예품을 만든다.

겨울에 잎이 지는 큰키나무다. 키가 20m 넘게 자란다. 나무껍질은 잿빛 밤색이고 얇은 종잇장처럼 벗겨진다.

2005년 4월 충북 충주

물오리나무

꽃 1997년 12월 강원도 원주

1997년 9월 강원도 치악산

잎은 어긋나게 붙고 둥글다. 가장자리에 톱니가 있다.
3월에 꽃이 피며 암꽃과 수꽃이 한 그루에 같이 핀다.
10월에 열매가 여문다.

자작나무과 | 산오리나무 *Alnus sibirica*

　산에서 만나는 오리나무는 물오리나무가 많다. 오리나무는 많이 베어 버려서 드물고 지금은 물오리나무가 흔하다. 산에 나무가 없고 헐벗었을 때 산을 푸르게 하려고 많이 심었다. 사방오리나무와 좀잎사방오리나무도 흙이 흘러내리는 것을 막기 위해 일본에서 들여와 심은 나무다. 산을 푸르게 하는 데 크게 이바지한 것은 물오리나무와 산오리나무다. 둘 다 오리나무와는 달리 잎이 둥글다.

　물오리나무는 뿌리에 뿌리혹박테리아가 있어서 빨리 자라고 땅을 기름지게 한다. 길을 내고 집을 지으면서 땅이 깎여 나가 비탈이 진 곳에 심어도 잘 자라서 숲을 이룬다. 다른 나무가 살기 힘든 곳에서도 살아남는 것이다. 이런 땅에 물오리나무를 심어 기른 뒤 기름진 땅을 좋아하는 다른 나무를 심을 수 있다.

　물오리나무 목재는 그릇이나 농사 연장을 만들고 조각을 하는 데 쓴다. 불땀이 좋아서 숯이나 땔감으로도 좋다. 열매와 나무껍질은 가죽을 부드럽게 하거나 옷감에 누런 갈색 물을 들일 때 쓴다. 예전에는 나무를 알맞은 크기로 잘라 마을로 옮긴 다음 모양을 다듬어서 장승을 만들기도 했다.

겨울에 잎이 지는 큰키나무다. 키는 6~20m에 이른다. 나무껍질은 밤색이며 거칠게 갈라진다.

2005년 3월 충북 충주

물푸레나무

2000년 7월 강원도 원주

꽃 2000년 5월 강원도 원주

잎은 깃꼴겹잎이다. 쪽잎은 달걀 모양이고 양 끝이 뾰족하다. 5월쯤에 햇가지 끝이나 잎겨드랑이에 꽃이 핀다. 9~10월에 열매가 여문다.

물푸레나무과 | *Fraxinus rhynchophylla*

　물푸레나무는 우리나라 어디에서나 잘 자란다. 산기슭이나 산골짜기, 개울가에서 아름드리 나무로 자라난다. 물푸레나무 가지를 꺾어 깨끗한 물에 담그면 푸른 물이 우러난다. 그래서 물푸레나무라고 한다. 물푸레나무를 태운 잿물로 옷감을 물들이면 푸르스름한 잿빛이 돈다. 여간해서는 빛깔이 바래지 않는다. 그래서 옛날부터 절에서는 이 나무로 옷을 많이 물들였다. 물푸레나무는 고로쇠나무처럼 껍질에 상처를 내어 물을 받을 수 있다. 물푸레나무 물은 눈을 밝게 하고 눈병을 막아 준다고 한다.

　물푸레나무는 물에 적셔서 구부리면 잘 휘는 데다 바짝 마르면 단단해진다. 그래서 도리깨를 만들 때는 꼭 물푸레나무나 들메나무를 썼다. 단단한 데다 무거워서 도낏자루를 만들기도 했다. 눈이 많이 오는 강원도에서는 눈밭에서 신는 설피를 이 나무로 만들었다. 생나무도 불에 잘 타서 눈 속에서 길을 잃었을 때 이 나무로 불을 피워서 추위를 피했다.

　봄부터 이른 여름 사이에 줄기에서 껍질을 벗긴 뒤 속껍질만을 햇볕에 말려 약으로 쓴다. 냄새는 별로 안 나고 맛이 조금 쓰다. 눈에 핏발이 서고 부으면서 아플 때, 눈물이 날 때 껍질 달인 물로 씻어 주면 낫는다. 뼈마디가 쑤실 때 가지를 잘게 썰어 푹 삶은 물에 찜질을 하면 좋다.

겨울에 잎이 지는 큰키나무다. 높이가 15m쯤 자란다. 줄기는 곧게 서며 가지를 많이 친다. 나무껍질은 밤빛이 도는 잿빛이거나 어두운 잿빛이다.

2000년 12월 강원도 치악산

미루나무

1997년 8월 강원도 원주

잎은 세모나고 길이가 너비보다 길다. 끝이 뾰족하고 가장자리에 톱니가 있다. 3~4월에 꽃이 피는데 암수딴그루다. 열매는 5월에 익고 서너 갈래로 갈라진다.

버드나무과 | 미류나무 *Populus deltoides*

　미루나무는 뽀뿌라 또는 포플러라고 한다. 미국에서 들어온 나무다. 백 년 쯤 전부터 신작로를 내면서 길가에 많이 심었다. 미루나무를 닮은 우리나라 나무로 사시나무가 있다. 사시나무는 봄에 가지를 꺾어 심으면 뿌리를 내리지 않는데 미루나무는 무척 잘 내린다. 사시나무는 줄기가 연한 풀빛이고 미루나무는 검고 거칠다. 사시나무는 추운 북쪽 지방 산에서 흔하게 자란다. 미루나무는 따뜻한 곳을 좋아한다.

　미루나무뿐 아니라 양버들도 포플러라고 한다. 양버들은 유럽에서 들어왔다. 양버들은 잎이 작고, 가는 가지가 줄기를 따라 자라서 멀리서 보면 길쭉한 빗자루를 거꾸로 세워 둔 것 같다. 미루나무는 잎이 더 크고, 줄기에 굵은 가지도 나서 옆으로 퍼져 보인다. 멀리서 보아도 양버들과 미루나무는 쉽게 알아볼 수 있다.

미루나무는 겨울에 잎이 지는 큰키나무다. 키는 30m에 이른다. 줄기에 굵은 가지가 나서 옆으로 퍼진다. 나무껍질은 갈라지고 검은 갈색이다.

양버들 1999년 3월 충북 제천

박달나무

2000년 8월 강원도 치악산

잎은 어긋나게 붙고 타원꼴이다. 끝은 점차 뾰족해지며 가장자리에 잔 톱니가 있다. 5월쯤 암꽃과 수꽃이 한 그루에 같이 핀다. 작고 둥근 열매가 10월쯤 여문다. 박달나무 열매는 곧게 서고, 자작나무 열매는 아래로 드리운다.

자작나무과 | *Betula schmidtii*

박달나무는 우리나라 어디에서나 잘 자란다. 예전에는 설악산이나 묘향산에서 큰 박달나무를 볼 수 있었다고 한다. 키가 높이 자라고 오래 산다. 나무가 단단해서 홍두깨나 방망이를 만들 때는 꼭 이 나무를 썼다. 오래되면 껍질이 두꺼운 코르크질로 변하는데 이 껍질은 산불이 나도 잘 타지 않는다고 한다.

살림살이 만드는 데 박달나무는 참 쓸모가 많았다. 명절이면 박달나무 떡살판과 다식판으로 음식을 해 먹었고, 박달나무 윷을 가지고 놀았다. 박달나무로 바디를 만들어서 베를 짰고, 다듬이질을 할 때도 박달나무 방망이를 썼다. 가지를 잘 다듬어 머리빗으로도 썼다. 경상북도 문경에서 부르던 박달나무 타령에는 "문경새재 물박달나무 홍두깨로 다 나간다, 문경새재 박달나무 북바디집으로 다 나간다."는 노랫말이 있다.

박달나무는 아주 오래전부터 우리나라에서 살던 나무다. 단군 할아버지가 처음 신단수 아래에서 우리나라를 세웠는데 그 신단수가 박달나무라고 알려져 있다.

겨울에 잎이 지는 큰키나무다. 높이는 30m에 이른다. 나무껍질은 검은 잿빛이다. 가로로 흰 점과 줄무늬가 나 있고 윤이 난다.

2000년 12월 충북 제천

박태기나무

씨앗

열매 1996년 12월 강원도 치악산

꽃 1996년 5월 강원도 원주

잎은 어긋나게 붙고 둥근 심장꼴이다. 두껍고 윤이 나며 가장자리는 밋밋하다. 앞면은 짙은 녹색이고 뒷면은 희다. 이른 봄 잎이 돋아나기 전에 꽃이 핀다. 묵은 가지에서 여러 개씩 모여서 핀다. 납작한 열매는 10~11월에 여문다. 꼬투리 안에 씨앗이 2~8개씩 들어 있다.

콩과 | 구슬꽃나무, 화소방, 소방목 *Cercis chinensis*

박태기나무는 오래전부터 공원이나 집 뜰에 심어 길렀다. 가지를 잘라 모양을 다듬어서 울타리로 가꾸기도 한다. 이른 봄에 작고 붉은 꽃이 가지마다 소복하게 달린다. 가을에 꼬투리가 여무는데 꼬투리 안에 납작한 씨앗이 들어 있다. 바람이 불면 마른 꼬투리가 달각달각 소리를 낸다.

해가 잘 들고 물이 고이지 않는 곳이면 어디서나 잘 자란다. 추위에도 잘 견디고 옮겨 심어도 잘 산다. 씨앗을 심으면 3~5년 만에 꽃이 핀다. 붉은 꽃도 보기 좋고 심장처럼 생긴 큼지막한 잎도 보기 좋다. 나무 모양도 잘 생겨서 많이 심는다.

박태기나무는 본디 중국에서 자라던 나무다. 중국에는 높이가 15m나 되는 큰 나무도 있다고 한다. 그러나 우리나라에서는 크게 자라지 않는다. 박태기나무는 땅이 메마른 곳에서도 잘 자라고 뿌리에 뿌리혹박테리아가 있어서 땅을 기름지게 해 준다. 나무껍질은 봄부터 이른 여름 사이에 껍질을 벗겨 햇볕에 말린다. 오줌을 잘 누게 하고 독을 없애는 약으로 쓴다.

겨울에 잎이 지는 떨기나무다. 키는 3~5m쯤 된다. 밑부분에서 줄기가 여러 갈래로 갈라져서 포기를 이룬다. 가지는 옆으로 퍼지지 않고 곧게 위로 뻗는다. 나무껍질은 잿빛 갈색이다.

1998년 4월 강원도 원주

밤나무

꽃 1996년 6월 서울 도봉산

1998년 9월 강원도 원주

알밤

잎은 어긋나게 붙는데 길쭉하고 윤이 난다. 끝이 뾰족하고 가장자리에 톱니가 있다. 늦은 봄에 암꽃과 수꽃이 한 그루에 핀다. 꽃에서 짙은 향기가 난다. 열매는 가을에 여문다. 밤송이는 둥글고 겉에 가시가 빽빽하다. 밤송이 속에는 밤이 1~3개씩 들어 있다.

참나무과 | *Castanea crenata*

밤나무는 밤을 따려고 심는다. 가을에는 밤을 따고 봄에는 벌을 친다. 밤꿀은 빛깔이 흐리고 향이 짙으며 쌉쌀한 맛이 난다. 오래 자란 밤나무는 목재로 좋다. 밤나무는 더위와 가뭄에도 잘 견딘다. 기르기도 하지만 남쪽 산비탈이나 마을 가까이에서 저절로 자라기도 한다.

밤나무는 씨앗을 심은 지 7~10년은 있어야 밤이 달린다. 접을 붙이면 4~6년 만에 밤이 달리는데 삼사십 년이 지난 뒤에 가장 많이 달린다. 밑동이 굵은 나무일수록 밤이 더 많이 달린다. 또 윗가지에 열린 밤이 더 굵다. 밤나무는 500년까지 산다. 어느 정도 자라고 나면 옆으로 넓게 퍼진다.

밤송이는 여물면 네 쪽으로 벌어진다. 보통 밤이 세 알씩 들어 있다. 한두 알은 굵고 나머지는 잘 자라지 못한다. 밤은 껍질이 검게 되도록 잘 여문 것이 맛이 좋다. 삶거나 구워 먹는다. 날로도 먹는다. 오래 두고 먹으려면 속껍질까지 다 벗겨서 햇볕에 말린다. 말린 밤은 약으로도 쓴다.

밤나무 목재는 단단하면서도 부서지거나 썩지 않고 오래간다. 써레나 달구지를 만들고 연자방아 축이나 절굿공이처럼 단단해야 하는 연장을 만든다. 철도 침목으로도 쓰고 거문고 같은 악기도 만든다.

겨울에 잎이 지는 큰키나무다. 키는 20m 안팎이다. 나무껍질은 검다. 어릴 때는 매끈하고 윤기가 나지만 자라면서 갈라지고 거칠어진다. 햇가지는 옅은 잿빛이다.

1998년 4월 충북 제천

배나무

1998년 8월 강원도 원주

잎은 달걀 모양이고 끝이 뾰족하다. 가장자리에 톱니가 있다. 4~5월쯤 짧은 가지 끝에 흰 꽃이 모여서 핀다. 꽃잎은 다섯 장이다. 가을에 굵고 둥근 열매가 익는다. 품종에 따라 생김새나 맛이 다 다르다.

장미과 | *Pyrus pyrifolia var. culta*

    배나무는 배를 먹으려고 기르는 나무다. 본디 산에서 자라던 돌배나무를 개량해서 아주 오래전부터 길러 왔다. 예전에는 서울 묵동에서 나던 청실리, 강원도 인제에서 나는 무심이 같은 배가 이름났다. 지금 시장에 나오는 배는 예전부터 기르던 배가 아니라 다른 나라에서 들여온 것이다. 요즘은 '신고'를 가장 많이 심는다. 이 배는 껍질이 얇고 누런 갈색이다. 물이 많고 맛이 달다.

    배나무는 날씨가 따뜻하고, 비가 많이 오는 곳에서 기르기가 좋다. 봄에 꽃이 필 때와 가을에 배가 익을 때는 비가 적게 오고, 여름에 열매가 클 때는 비가 많이 오는 곳에서 맛 좋은 배가 난다. 경기도 평택과 남양주, 전라남도 나주는 배가 많이 나는 곳으로 이름이 높다.

    배를 많이 먹으면 설사가 나는데 껍질과 같이 먹으면 설사가 적게 난다. 또 고기를 재울 때 배즙을 넣으면 고기가 연해지고 소화가 잘 된다.

    배나무는 목재를 얻으려고 일부러 심지는 않지만, 집 가까이에서 구하기 쉬운 귀한 목재다. 단단해서 고급 가구를 만드는 데 쓴다. 장이나 문갑을 짤 때는 뼈대로 쓴다. 배나무가 많던 황해도에서는 좋은 배나무 가구가 많이 났다.

겨울에 잎이 지는 큰키나무다. 나무 높이는 15m쯤 된다. 나무껍질은 잿빛이고 거칠게 터진다. 어린 가지는 검은 밤색이다.

1998년 4월 강원도 원주

버드나무

1997년 3월 강원도 원주

떡버들 꽃 *Salix hallaisanensis*
1998년 4월 강원도 원주

잎은 길쭉하고 톱니가 있다. 앞면은 녹색이고 뒷면은 희다. 암나무와 수나무가 있다. 꽃은 4월쯤에 피고 열매는 5월에 익는다.

버드나무과 | 버들, 버드나무, 버들낭기

　봄에 가장 먼저 피는 꽃이 버드나무 꽃이다. 흔히 버들강아지라고 한다. 버들강아지는 햇빛을 받으면 부풀어 올라 나중에는 눈송이처럼 흩어져서 바람에 날린다. 흰 솜털 안에는 씨앗이 들어 있다. 씨앗은 바람을 타고 멀리 날아간다. 날아가서 물기가 있는 곳에 떨어지면 뿌리를 내리고 자란다. 버드나무는 강기슭이나 냇가 같은 축축한 땅을 좋아한다. 봄에 버드나무 가지를 잘라서 손으로 비틀면 껍질만 쏙 빠진다. 이것으로 피리를 분다. 버들피리는 호드기라고도 한다.

　우리나라에는 30종이 넘는 버드나무가 있다. 버드나무, 수양버들, 능수버들, 고리버들, 떡버들, 왕버들 무척 많다. 가지가 아래로 축축 늘어진 나무는 보통 수양버들이나 능수버들이다. 고리버들로는 고리나 키를 엮는다. 왕버들은 흔히 정자나무로 심는다. 이 나무들은 나무껍질을 종이나 옷을 만드는 데 쓴다.

　옛날부터 우물가에는 버드나무나 향나무를 심었다. 먼 곳에서도 버드나무나 향나무를 보고 우물을 찾아왔다. 여름철에 길손들이 다리 쉼을 할 때는 우물가 버드나무 그늘 아래에서 시원한 우물물을 마시면서 땀을 식히곤 했다.

겨울에 잎이 지는 큰키나무다. 높이는 10~20m에 이른다. 나무껍질은 두껍고 가지는 잿빛 갈색이며 어린 가지는 연하다.

1997년 2월 충북 괴산

벚나무

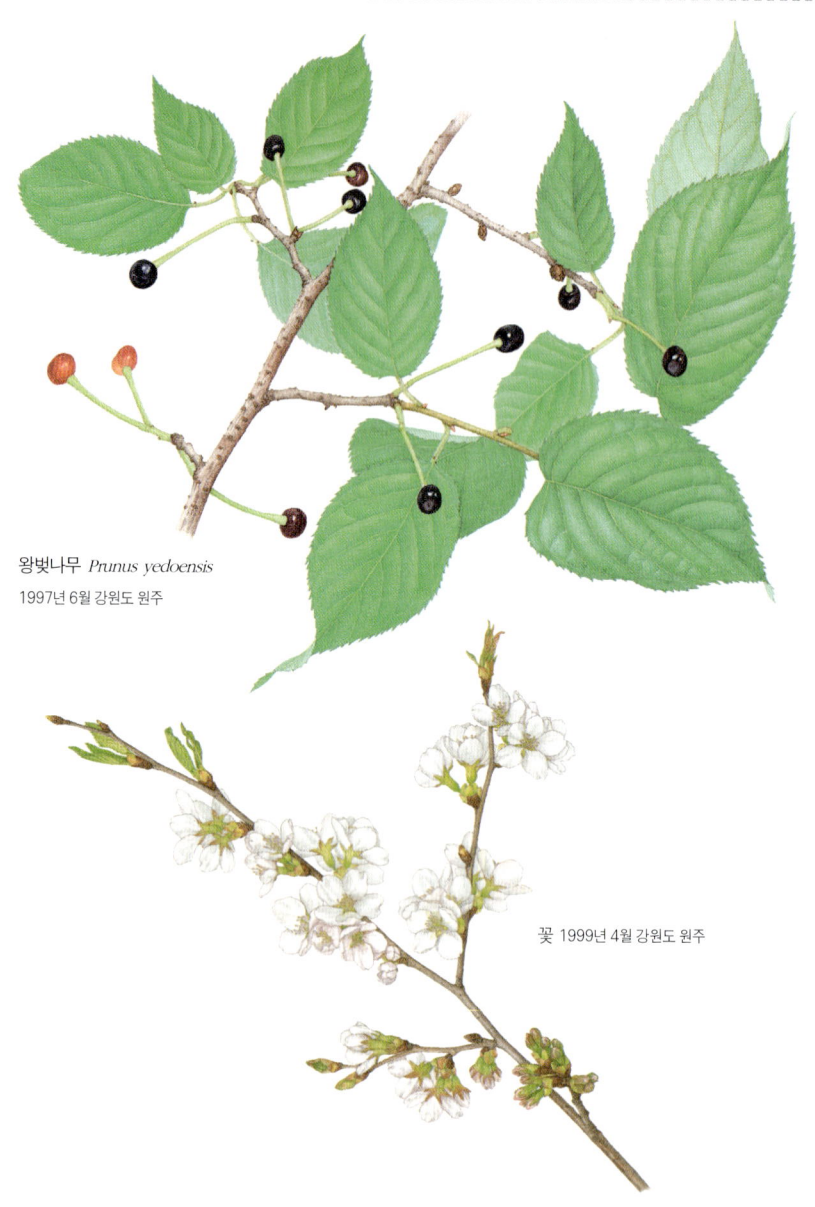

왕벚나무 *Prunus yedoensis*
1997년 6월 강원도 원주

꽃 1999년 4월 강원도 원주

왕벚나무는 잎이 어긋나게 붙고 타원꼴이다. 끝은
뾰족하고 가장자리에 톱니가 있다. 잎 뒷면 잎맥과
잎자루에 털이 있다. 4월쯤 잎보다 꽃이 먼저 핀다.
묵은 가지에서 흰색이나 연한 붉은색으로 핀다.
여름에 둥근 열매가 검게 익는다.

장미과 | 벗나무

　벗나무는 본디 산과 들에서 자라는 나무다. 요즘은 도시에서도 많이 심어 기른다. 목재가 좋아서 예전부터 두루 써 왔다. 산벗나무는 아주 추운 곳만 아니면 우리 땅 어디에서나 자란다. 치밀하고 단단하여 목판 활자를 만들 때 활판으로 쓰였다. 경상남도 합천 해인사에 있는 고려대장경 경판을 만드는 데도 썼다고 한다.

　남쪽 지방에서는 왕벗나무를 많이 심는다. 꽃을 보려고 공원이나 길옆에 심는다. 이 나무는 봄에 잎보다 꽃이 먼저 핀다. 봄이 먼저 오는 제주도, 부산, 진해에서는 4월 초에 꽃이 피고 서울에서는 4월 중순에 핀다. 벗나무 열매를 버찌라고 한다. 이른 여름에 콩알만 한 열매가 검게 익는다. 달고 맛있다.

　왕벗나무는 따뜻한 곳에서 잘 자라고 대기 오염에 약하다. 여름에 가지치기를 하면 가지치기한 자리가 병이 들고 벌레도 잘 꾄다. 웬만하면 가지치기를 안 하는 것이 좋다. 30년쯤 된 나무가 꽃이 가장 아름답고, 50년쯤 되면 늙어서 약해진다.

왕벗나무는 겨울에 잎이 지는 큰키나무다.
키는 15m쯤 된다. 나무껍질은 잿빛이다.
윤기가 나며 가로로 얇게 무늬가 있다.

왕벗나무 1998년 4월 강원도 원주

보리수나무

열매

1999년 4월 강원도 원주

잎은 어긋나게 붙고 길쭉하다. 끝이 뾰족하고
가장자리는 밋밋하다. 꽃은 봄에 햇가지에 핀다.
처음 필 때는 흰색이다가 차츰 누렇게 된다.
둥근 열매가 10월쯤 붉게 여문다.

보리수나무과 | 볼네나무, 보리화주나무, 보리똥나무, 오리장나무, 뽀루새 *Elaeagnus umbellata*

보리수나무는 산과 들에서 난다. 울타리에 심기도 한다. 보리수나무 열매를 보리수, 보리똥, 포리똥이라고 한다. 가을에 빨갛게 익는데 맛이 아주 좋다. 아주 단 것이 있고 씹지도 못할 만큼 신 것이 있고 떫은 것도 있다. 씨앗이 있지만 딱딱하지 않아서 뱉어 내지 않고 씹어도 된다. 보리수를 손에 가득 따서 한꺼번에 입안에 털어 넣고 입이 터지도록 씹으면 더욱 맛이 좋다. 그러나 한꺼번에 너무 많이 따 먹으면 똥이 잘 안 나온다. 씨앗이 소화되지 않고 똥구멍을 막기 때문이다.

보리수나무에는 날카로운 가시가 돋아 있어서 가지를 꺾을 때 조심해야 한다. 보리수나무는 가지가 튼튼해서 바람에도 쓰러지지 않고, 가시가 많아서 울타리를 치는 데 많이 썼다.

보리수나무는 열매와 잎과 껍질을 약으로 쓴다. 가을에 익은 열매를 따서 말린다. 잎은 8~10월에 뜯어 그늘에서 말리고 껍질은 봄, 가을에 벗겨 햇볕에서 말린다. 열매는 소화를 돕고 설사를 멎게 하고 기침을 멈추게 한다.

겨울에 잎이 지는 떨기나무다. 키는 3~4m에 이르고 가지를 많이 친다. 줄기 끝이 조금 처지고 가시가 있다. 나무껍질이 딱딱하고 거칠게 터진다.

2000년 8월 강원도 원주

복숭아나무(복사나무)

꽃 1999년 4월 강원도 원주

1998년 7월 강원도 원주

잎은 길쭉하고 끝이 뾰족하다. 가장자리에 톱니가 있다. 이른 봄에 잎보다 먼저 연분홍색 꽃이 핀다. 꽃은 묵은 가지에서 핀다. 열매는 여름에 여문다. 둥글고 겉에 잔털이 촘촘히 나 있다. 품종에 따라서 생김새와 크기, 빛깔이 다 다르다. 씨앗 겉면에는 주름이 많다.

장미과 | *Prunus persica*

　복숭아나무는 열매를 먹으려고 기르는 나무다. 아주 옛날부터 심어 길렀다. 이른 봄에 피는 연분홍빛 꽃도 아름답고 여름에 익는 열매는 아주 맛이 좋다. 복숭아는 냄새가 좋고 물이 많고 달다. 복숭아씨는 약으로 쓴다.

　지금 시장에서 사 먹는 복숭아는 다른 나라에서 들여와서 과수원에서 기른 것이다. 생김새도 맛도 갖가지다. 익으면 물이 아주 많고 속살이 물렁물렁해지는 것이 있고, 익어도 속살이 딱딱한 것이 있다. 껍질이 붉은 것도 있고 누런 것도 있고 흰 것도 있다. 껍질에 털이 없고, 속살이 붉은 천도복숭아도 있다. 올복숭아는 6월 말부터 따고 늦복숭아는 9월 초까지 딴다.

　복숭아나무는 씨와 꽃과 잎을 약으로 쓴다. 씨는 도인이라고 한다. 딱딱한 겉껍질은 버리고 안에 있는 말랑말랑한 씨만 햇볕에 말린다. 꽃과 잎은 뜯어서 바람이 잘 통하는 그늘에 말린다. 씨는 살구씨처럼 기침약이나 가래 삭이는 약으로 쓰고, 꽃은 오줌이 잘 나오게 하고 설사를 멎게 한다.

겨울에 잎이 지는 작은키나무다. 3~4m쯤 자란다. 과수원에서는 가지치기를 해서 그보다 작다. 어린 가지는 풀빛이고 매끈하지만 자라면 붉은 갈색으로 바뀌고 세로로 갈라진다.

1998년 5월 강원도 원주

붉나무

2000년 10월 강원도 원주

잎은 어긋나게 붙고 깃꼴겹잎이다. 겹잎 잎맥에 좁은 날개가 있다. 쪽잎이 7~13개씩 달린다. 달걀 모양이고 가장자리에 거친 톱니가 있다. 7~9월에 작고 누런 꽃이 어린 가지 끝에 모여 핀다. 10월에 납작한 열매가 익는다. 열매 겉은 시고 짠 맛이 나는 흰 가루로 덮인다. 잎에 주머니같이 생긴 벌레집이 달린다.

옻나무과 | 오배자나무, 뿔나무, 불나무, 뚜르게나물, 굴나무, 염부목 *Rhus javanica*

　붉나무는 산기슭이나 산골짜기 양지바른 곳에 저절로 자라는 나무다. 뿔나무, 불나무, 굴나무라고도 한다. 한약방에서는 오배자나무라고 한다. 붉나무는 나무에 상처가 나면 흰 즙이 나온다. 나무즙이 살갗에 닿으면 살갗이 부풀고 가려워진다. 옻이 잘 오르는 사람은 붉나무를 만질 때 조심해야 한다.

　붉나무에 생긴 벌레집을 오배자라 하는데 약으로 쓴다. 가을에 오배자를 따서 끓는 물에 데쳐서 햇볕에 말린다. 오배자는 별다른 냄새는 없지만 맛이 떫다. 어머니들은 오배자를 노랗게 볶아서 보드랍게 가루를 내었다가 급할 때 약으로 썼다.

　아이들이 뜨거운 국을 먹다가 데어서 입안이 헐었거나 혓바늘이 돋았을 때 오배자 가루를 발라 주면 씻은 듯이 낫는다. 놀다가 넘어져서 크게 다치고 피가 날 때도 오배자 가루와 백반을 섞어서 상처에 발라 준다. 오배자는 약으로도 쓰지만 무명 옷감을 검게 물들이는 데도 쓴다.

2000년 10월 강원도 치악산

겨울에 잎이 지는 작은키나무다. 키는
보통 3~5m이고 아주 커도 7m를 넘지 않는다.
나무껍질은 잿빛 밤색이고 붉은 반점이 있다.
잔가지는 누르스름하고 윤기가 난다.
가을에 잎이 붉게 단풍이 든다.

비자나무

비자

2000년 4월 전남 백양사

바늘잎은 단단하고 끝이 뾰족하다. 만지면 아프다. 잎 앞면은 진한 풀색이고 윤이 난다. 뒷면에 누르스름한 줄이 있다. 4~5월에 꽃이 피고 보통 암수한그루이다. 열매는 꽃 핀 다음해 가을에 여물며 11월쯤에 떨어진다. 처음에는 풀색이다가 여물면 밤색으로 바뀐다.

주목과 | *Torreya nucifera*

비자나무는 따뜻한 남쪽 지방에서 많이 자란다. 제주도나 진도 같은 섬에서 잘 자라는데 보통 숲을 이룬다. 제주도 구좌읍과 전라남도 장성에는 오래된 비자나무 숲이 있다. 제주도 비자나무 숲에서 나는 비자나무 열매는 고려 시대부터 나라에 바쳤다. 내장산 백양사의 비자나무 숲은 우리나라에서 가장 북쪽에 있는 비자나무 숲이다.

비자나무는 가을에 대추처럼 생긴 열매가 밤색으로 익는다. 열매 안에는 갸름한 땅콩처럼 생긴 씨앗이 있다. 이 씨앗을 비자라고 한다. 날것을 그냥 먹기도 하고 기름을 짜서 먹기도 한다. 비자 기름은 등불 기름이나 머릿기름으로 썼다. 비자는 오래전부터 기생충 약으로 많이 써 왔다. 하루에 비자를 일곱 알씩 이레를 먹으면 기생충이 물이 된다고 한다.

비자나무는 결이 곱고 다루기가 쉬워서 예로부터 아주 귀한 목재로 썼다. 목재가 단단하고 탄력성이 있어서 쇠코뚜레 만들 때 많이 썼다. 비자나무는 향기가 진해서 모기향으로 쓴다. 가지나 잎을 태우면 날벌레가 덤벼들지 못한다.

겨울에도 잎이 지지 않는 늘푸른바늘잎나무다. 키는 20m 넘게 자란다. 나무껍질은 잿빛 밤색이다. 세로로 짜개지고 얇게 조각나면서 벗겨진다. 가지를 옆으로 많이 친다. 햇가지는 풀색이다가 점점 붉은 밤색, 진한 밤색으로 바뀐다.

2000년 4월 전남 백양사

뽕나무

1997년 6월 강원도 원주

수꽃 1999년 4월 강원도 횡성

잎은 어긋나게 붙고 달걀 모양이며 부드러운 털이 있다. 잎 끝은 뾰족하고 가장자리에는 톱니가 있다. 잎을 따면 흰 즙이 나온다. 5~6월에 꽃이 피며 암수딴그루이다. 열매가 7~8월에 검게 익는다.

뽕나무과 | 오디나무, 백상 *Morus alba*

뽕나무는 누에를 치려고 심어 기르는 나무다. 누에는 뽕잎을 갉아 먹고 자라서 고치를 짓는다. 누에고치에서 명주실을 뽑아 비단을 짠다. 우리나라에서는 아주 오래전부터 마을마다 뽕나무를 심어 길렀다. 서울에 있는 잠실은 누에를 치는 곳이란 뜻으로 붙은 이름이다.

뽕잎은 누에를 치고, 뿌리는 약으로 쓴다. 뽕나무 가지로 종이를 만들고, 줄기 껍질로는 옷감에 갈색 물을 들인다. 뽕나무 물은 잘 바래지 않고 오래간다. 껍질을 벗긴 속줄기로는 채반을 만든다. 물이 한창 올랐을 때 가지를 잘라다 겉껍질을 벗기면 뽀얀 속껍질이 나오는데 그걸로 짚신을 삼기도 한다.

뽕나무 열매를 오디라고 한다. 이른 여름에 까맣게 익은 오디는 아주 달고 맛있다. 물이 많아서 먹다 보면 입술이 까매진다. 산에서 나는 산뽕나무 오디도 맛있다.

뽕나무는 뿌리껍질, 잎, 열매를 약으로 쓴다. 뿌리껍질은 기침을 멈추게 하고 오줌을 잘 누게 하며 숨찬 증세를 낫게 한다. 가래도 없애고 목마름도 달래 준다. 뽕잎은 눈병을 낫게 한다.

겨울에 잎이 지는 큰키나무다. 기를 때는 줄기를 베어서 움이 트게 한다. 그래서 떨기나무 모양이 된다. 나무껍질은 누런 밤색이고 늙은 나무에서는 얕게 갈라진다. 가지는 곧게 자라거나 밑으로 늘어진다. 어린 가지는 잿빛 밤색이고 자르면 즙이 나온다.

2000년 9월 강원도 원주

사과나무

1998년 8월 강원도 원주

꽃 1998년 4월 강원도 원주

잎은 어긋나게 붙고 타원꼴이거나 달걀 모양이다. 가장자리에 톱니가 있고 잎자루가 길다. 꽃은 4~5월 사이에 핀다. 꽃과 잎이 같이 피거나 꽃이 잎보다 빨리 핀다. 꽃봉오리는 붉고 꽃은 연한 붉은색이다. 열매는 여름에 익는 것부터 10월 하순에 익는 것까지 다양하다. 빛깔과 크기도 품종에 따라 다르다.

장미과 | *Malus pumila*

　사과나무는 밭에 심어 기르는 과일나무다. 사과는 우리나라에서 가장 많이 나는 과일이다. 오래전부터 길렀던 사과는 능금이다. 능금을 심어 기른 지는 삼천 년쯤 되었다고 한다. 능금은 지금 우리가 먹는 사과와 생김새는 비슷한데 크기가 작고 살이 적다. 지금 먹는 사과는 우리나라에 들어온 지 백 년 남짓 된다.

　사과나무는 다른 과일나무보다 거름을 많이 먹는다. 벌레도 많이 꾀고 병도 잘 든다. 그래서 가꾸는 데 품이 많이 든다. 사과나무는 보통 100년쯤 사는데 40~50년까지 사과를 딸 수 있다. 잘 익은 사과는 색이 고르고, 밝고, 은은한 향기가 난다. 만지면 탱탱하고 꼭지에 푸른빛이 돌면서 물기가 있는 것이 싱싱한 사과다.

　옛날에는 상자 안에 왕겨를 채우고 그 속에 사과를 파묻어 두었다. 이렇게 두면 이듬해 햇과일이 날 때까지 먹을 수 있다. 덜 익고 알이 작고 흠집이 있는 것은 썰어서 여러 날 햇볕에 바싹 말려 두고 먹었다. 사과는 장을 튼튼하게 해 줘서 변비와 설사에 모두 좋다. 그대로 먹어도 되고 즙을 내거나 식초나 요구르트를 만들어 먹어도 좋다.

겨울에 잎이 지는 작은키나무다. 키는 10m까지 자란다. 밭에서 기르는 나무는 가지를 쳐 주어서 높이가 낮고 가지가 많지 않다. 어린 가지에 털이 있다. 나무 생김새도 품종에 따라 다르다.

1998년 5월 강원도 원주

사철나무

꽃 1998년 6월 강원도 원주

1996년 2월 충남 임천

잎은 마주나는데 긴 타원꼴이다. 두툼하고 윤이 나며 잎자루가 있다. 6~7월에 자잘한 꽃이 누런 풀색으로 핀다. 10월쯤에 둥근 열매가 여물면서 서너 조각으로 갈라진다. 붉은 껍질 속에 씨앗이 들어 있다. 씨앗은 중부 지방에서는 10월에 여물지만 남부 지방에서는 12월부터 이듬해 봄 사이에 여문다.

노박덩굴과 | 동청목 *Euonymus japonicus*

사철나무는 사철 잎이 지지 않고 푸르다. 우리나라 남부 지방에는 사철나무를 비롯하여 동백나무, 유자나무, 차나무, 치자나무 같은 늘푸른나무들이 많이 자라고 있다. 이 나무들은 소나무나 잣나무와 달리 넓은잎을 달고 있는 나무들이다.

제주도와 남해안에서는 어디서나 늘푸른나무가 숲을 이룬다. 육지에 들어서면 늘푸른나무보다 가을에 잎이 지는 나무가 많아진다. 더 북쪽으로 올라가 서울 언저리에 오면 늘푸른넓은잎나무는 사철나무만 남는다. 사철나무는 늘푸른나무 중에서 추위에 가장 강한 나무다. 황해도처럼 추운 곳에서도 자란다. 추위에 잎이 얼어서 물에 삶은 것처럼 되어도 봄이 되면 언제 그랬느냐는 듯이 싱싱하게 다시 펴진다.

사철나무는 산기슭 양지바른 곳이나 바닷가 가까이에서 저절로 자란다. 공원이나 집 둘레에 심어 기르기도 한다. 공기 오염에도 강하고 가지치기를 해도 잘 자라서 울타리로도 가꾼다. 푸른 잎과 붉은 열매를 겨울 내내 볼 수 있다.

겨울에도 잎이 지지 않는 늘푸른떨기나무다. 높이가 3m쯤 된다. 줄기 밑에서부터 잔가지가 많이 뻗고 우거져서 나무가 단지 모양으로 보인다. 줄기는 둥글고 실하며 매끈하다. 어린 가지는 풀색이다가 나이가 들면서 어두운 잿빛으로 바뀐다.

2000년 11월 전남 여수

산수유나무

꽃 1998년 3월 강원도 원주

1998년 9월 강원도 원주

잎은 마주 붙고 달걀 모양이다. 끝이 뾰족하고 가장자리는 매끈하다. 잎 앞면은 윤기가 나고 뒷면은 흰빛이 도는 푸른색이다. 3월쯤 잎보다 먼저 작고 노란 꽃이 20~30송이 모여서 핀다. 열매는 길쭉한데 처음에는 푸르다가 가을에 붉게 여문다.

층층나무과 | 산채황, 약조, 홍조피, 석조, 무등 *Cornus officinalis*

산수유나무는 이른 봄에 다른 나무보다 먼저 노랗고 향기로운 꽃을 피운다. 가을이면 가지마다 주렁주렁 달린 열매가 새빨갛게 익는다. 단풍은 노랗거나 빨갛게 드는데 나무마다 조금씩 빛깔이 다르다. 산기슭이나 산골짜기에서 저절로 자라는데 일부러 심기도 한다. 생김새가 보기 좋고 도시에서도 잘 자라서 요즘은 아파트나 공원에도 많이 심는다.

경기도 이천, 경상도 봉화와 하동, 전라도 구례는 산수유가 많이 나는 곳이다. 지리산 기슭에 있는 구례군 산동면과 산내면은 온 마을을 덮을 정도로 산수유나무가 많다. 산동면에서 나는 산수유는 살이 두껍고 시고 떫은 맛이 두드러져서 더 좋게 친다.

산수유는 날로는 먹지 않고 말렸다가 약으로 쓰거나 차를 끓여 마신다. 술도 담가 먹는다. 산수유는 늦가을에 서리가 내린 뒤 나무 밑에 멍석을 깔고 나무를 털어서 딴다. 햇볕에 널어서 반쯤 말린 다음에 씨를 발라내고 다시 말린다. 씨는 먹으면 안 좋아서 반드시 발라낸다.

겨울에 잎이 지는 작은키나무다. 높이 7미터쯤 자라고 가지를 많이 친다. 나무껍질은 잿빛 갈색이고 조각조각 벗겨진다.

1998년 4월 강원도 원주

산초나무

1999년 10월 강원도 원주

잎은 깃꼴겹잎인데 쪽잎이 13~21장 달려 있다. 이른 여름에 좁쌀알 같은 누르스름한 풀색 꽃이 가지 끝에 모여서 핀다. 가을에 작고 둥근 열매가 여문다. 여물면서 저절로 터지는데 씨앗은 검고 윤기가 난다.

운항과 | 분지나무, 분디나무, 상초, 상추나무, 산추나무 *Zanthoxylum schinifolium*

산초나무는 산기슭 양지바른 곳에서 드문드문 자란다. 잎을 따서 비비면 향긋한 냄새가 난다. 게다가 줄기에 가시가 있어서 쉽게 알아볼 수 있다.

산초나무와 초피나무는 이름을 섞어 쓴다. 제피나무니 젠피나무, 좀피나무라는 이름도 마찬가지다. 산초나무와 초피나무는 비슷하지만 서로 다른 나무다. 언뜻 봐서는 두 나무가 무척 비슷하다. 그런데 산초나무는 줄기에 가시가 어긋나게 달리고 초피나무는 가시가 두 개씩 마주 달린다. 산초나무 열매는 기름을 짜고 약으로 쓴다. 미꾸라짓국에 향을 보태려고 넣는 것은 초피나무 열매다.

산초나무 열매를 산초 또는 분디라고 한다. 늦여름에서 가을 사이에 열매를 따다가 그늘에서 말린다. 산초로 기름을 짜면 밤색이나 노란색 맑은 기름이 나온다. 산초 기름은 산초 향기가 난다. 전을 부치거나 나물을 무칠 때 쓰고 목화 실을 뽑는 물레에 치기도 했다.

2000년 9월 강원도 원주

겨울에 잎이 지는 떨기나무다. 높이는 1~3m쯤 자란다. 가지에 가늘고 긴 가시가 어긋나게 붙는다. 햇가지는 진한 풀색이다가 점차 진한 밤색을 띠며 오래되면 잿빛이 도는 검은색으로 바뀐다.

살구나무

1998년 6월 강원도 원주

꽃 1998년 3월 강원도 원주

잎은 어긋나게 붙고 달걀꼴이다. 가장자리에 톱니가 있다. 꽃은 엷은 분홍색인데 4월에 잎이 나기 전에 핀다. 열매는 6월에 익는다. 열매 살은 두껍고 속에는 딱딱한 씨가 들어 있다. 씨는 열매 살에서 잘 떨어진다.

장미과 | *Prunus armeniaca var. ansu*

살구나무는 집 가까이에 많이 심는 과일나무다. 살구는 이른 여름에 따 먹는 올과일이다. 알이 잔 것은 물이 적고 맛도 씁쓰름하다. 굵은 것은 향이 좋고 달다. 거죽에는 솜털이 많고, 익으면 노랗게 된다. 익을수록 가지에서 잘 떨어지고 살이 물러진다. 열매 속에 든 굳은 씨는 약으로 쓴다. 맛이 단 것은 그냥 먹기도 하는데 보통 기름을 내어 약으로 먹는다. 살구씨는 가래가 끓거나 기침을 할 때 먹으면 좋다.

살구나무는 해가 잘 드는 곳이면 아무 데서나 잘 크고 빨리 자란다. 어지간히 가뭄이 들어도 잘 살고, 영하 30도까지는 견디기 때문에 우리나라 어디에서나 기를 수 있다. 하지만 꽃이 일찍 피기 때문에 늦서리를 맞을 수 있다. 심은 지 4~5년이 지나면 꽃이 피고 살구가 열린다. 보통 10년이 지나야 살구가 많이 열린다. 살구나무는 100년쯤 산다. 목재는 단단하고 무늬가 좋아서 가구나 조각재로 쓴다.

겨울에 잎이 지는 작은키나무다. 키가 7m쯤 된다. 나무껍질은 검은 잿빛이나 검은 밤색이다.

1998년 4월 강원도 원주

상수리나무

수꽃 2000년 4월 강원도 원주

도토리

1999년 8월 강원도 원주

잎은 어긋나게 붙고 좁고 긴 타원꼴이다.
잎 가장자리에 바늘 모양으로 톱니가 있다.
5월쯤에 꽃이 피는데 암수한그루다. 도토리는 이듬해
가을에 익는다. 도토리집은 절반쯤까지 씌워져 있고
꼭지가 없다. 넓은 비늘쪽이 배게 붙어서 밖으로
젖혀져 있다.

참나무과 | 참나무, 도토리나무 *Quercus acutissima*

　상수리나무는 마을 가까이에서 쉽게 볼 수 있는 참나무다. 굴참나무처럼 봄에 꽃이 피고 이듬해 가을에 도토리가 익는다. 상수리나무는 도토리가 많이 달리지 않는다. 그런데 도토리 알이 크고 가루가 많이 나온다. 산골 마을에서는 굴참나무에서 줄기 껍질을 벗기듯이 상수리나무 줄기 껍질도 벗겨서 쓴다.

　상수리나무 목재는 무척 단단하고 잘 썩지 않는다. 다른 참나무처럼 아주 오래전부터 목재로 써 왔다. 무량사 극락전 기둥과 완도 어두리 화물 운반선, 의창 다호리 가야 고분의 나무관은 상수리나무로 만든 것이라 한다. 곧게 잘 자란 나무는 목재로 쓰고, 그렇지 않은 것은 땔감으로 쓰거나 숯을 굽는다. 버섯을 기르는 나무로도 많이 쓴다. 속이 궁근 것은 파내고 벌통으로 쓴다.

　도토리와 도토리집, 나무껍질로 물을 들일 수 있다. 도토리를 가마솥에서 삶아 낸 물에 옷을 담그면 누르스름한 갈색 물이 든다. 이렇게 물들인 것을 잿물에 빨면 검은 물이 든다. 도토리집을 우린 물은 가죽을 이기는 데도 쓴다.

잎이 지는 큰키나무다. 줄기가 곧게 자라고 15m까지 자란다. 줄기 껍질은 검다. 잎은 가을에 단풍이 들고 마르지만 떨어지지 않고 겨울에도 나무에 붙어 있다.

2004년 3월 충북 충주

생강나무

꽃 1998년 3월 강원도 원주

2000년 7월 강원도 원주

잎은 어긋나게 붙고 넓적하면서 두텁다.
얕게 세 갈래로 갈라진 것이 많고 가장자리는
밋밋하다. 잎과 가지에서 생강 냄새가 난다.
가을에 둥근 열매가 검게 익는다.

녹나무과 | 동백나무, 개동백나무, 산동백나무, 아위나무, 단향매 *Lindera obtusiloba*

생강나무는 잎과 가지에서 생강 냄새가 난다. 잎을 살짝 비비면 향긋한 생강 냄새가 난다. 그래서 이름도 생강나무다. 옛날에 생강이 들어오기 전에는 이 나무의 잎과 가지를 말려서 생강처럼 양념으로 쓰기도 했다.

생강나무는 산에서 자라는 나무다. 야트막한 산기슭에서 1,000m가 넘는 높은 산 위까지 어디서든 잘 자란다. 이른 봄에 산속에서 가장 먼저 노란 꽃을 피운다. 열매는 기름을 짜서 쓰는데 동백기름과 비슷하다. 동백나무가 자라지 않는 추운 북부 지방에서는 생강나무를 동백나무라고 했다. 생강나무에서 짠 기름도 동백기름이라 하고 동백기름처럼 머리에 바르는데 흰 머리가 생기지 않는다고 한다. 등잔 기름으로도 쓴다.

산골 사람들에게 생강나무는 아주 소중한 나무다. 새순이나 어린잎은 나물로 먹고 잎은 말려서 차로 우려 마신다. 산을 오르다가 삐거나 다치면 생강나무 가지와 뿌리를 달여 마시고 상처에도 찧어서 바른다.

2001년 1월 경기도 국립수목원

겨울에 잎이 지는 작은키나무다. 키는 3m쯤 되며 가지는 드물게 갈라졌다. 줄기 껍질은 잿빛 갈색이고 매끄럽다. 작은 가지에는 털이 없다. 가을에 노랗게 단풍이 든다. 이른 봄에 잎이 나기 전에 노란 꽃이 핀다. 자잘한 꽃이 7~15개씩 모여서 피는데 보통 암수딴그루다. 꽃이 필 때 짙은 향내가 난다.

석류나무

석류 1999년 10월 충남 부여

1999년 6월 충남 부여

잎은 도톰한데 마주나거나 가지 끝에 모여난다. 긴 타원꼴이고 잎자루가 짧다. 붉은 꽃이 5~6월에 한 송이 또는 몇 송이씩 핀다. 열매는 9~10월에 여무는데 껍질이 두껍고 짙은 붉은색이다. 속에 씨앗이 많이 들어 있고 여물면 벌어진다. 씨앗은 투명한 살이 붙어 있고 연붉은색을 띤다.

석류나무과 | *Punica granatum*

석류나무는 뜰이나 공원에 심어 기르는 나무다. 우리나라에는 500년쯤 전부터 심어 길렀다. 추위에 약해서 따뜻한 남부 지방에서 잘 자란다. 감나무가 사는 곳까지는 석류나무도 산다.

석류는 가을에 빨갛게 익는다. 잘 익으면 껍질이 툭 터지는데 속에는 붉고 투명한 알갱이가 가득하다. 이것을 먹는데 맛은 시고도 달다. 많이 신 것은 즙을 짜서 먹거나 약으로 먹고, 단 것은 그냥 먹어도 맛있다. 석류즙은 통증이 심할 때 따뜻한 물에 타 먹으면 좋다. 꿀을 타 먹어도 좋다. 잘 아물지 않는 상처에도 물에 탄 석류즙을 바르면 좋다. 입맛을 돋우고 소화가 잘 되게 한다. 목이 쉬거나 아플 때 석류를 달여 마시면 아픔이 가라앉고 입 냄새도 없애 준다. 껍질은 따로 말려 두었다가 비단을 검게 물들일 때 썼다.

옛날에는 뜰에 석류나무를 심으면 자손이 잘 살고 부자가 된다고 해서 많이 심었다. 그래서 혼인할 때 신부가 입는 옷에도 석류 무늬를 많이 그렸다. 열매를 맺지 않는 꽃석류나무는 주로 화분에 심어서 집 안에서 기른다.

2000년 10월 충남 부여

겨울에 잎이 지는 작은키나무다. 높이는 2~7m이다. 줄기는 곧게 자란다. 잔가지는 네모나다. 가지에 털이 없고 짧은 가지는 가시가 되었다.

소나무

솔씨

1996년 7월 경기도 국립수목원

바늘잎은 보통 두 개씩 모여서 난다. 어린 나무와 잘 자란 나무에서는 세 개씩 모여나기도 한다. 5월 중순에 한 나무에서 암꽃과 수꽃이 햇가지에 핀다. 솔방울은 꽃이 핀 뒤 이듬해 가을에 여문다. 솔방울이 여물면 벌어지면서 씨앗이 떨어진다. 씨에는 날개가 있어서 바람에 날아간다.

소나무과 | 적송, 육송, 솔, 솔나무, 암솔 *Pinus densiflora*

 소나무는 우리나라 어디에서나 자란다. 모래땅이든 진흙땅이든 땅을 가리지 않고 잘 자란다. 다만 햇빛이 잘 드는 곳이어야 한다.

 봄이 되면 소나무에 물이 오른다. 물오른 소나무 껍질을 벗기면 연한 속껍질이 나온다. 이것을 송기라고 한다. 송기를 씹어서 단물을 빨아 먹는다. 5월이 되면 수꽃의 꽃가루인 송화가 바람에 날린다. 송화를 모아 꿀과 설탕을 넣어 다식을 만든다. 솔잎도 먹는데 그냥 먹기도 하고 가루를 내서 먹기도 한다. 추석에는 솔잎을 따다가 시루에 깔고 송편을 찐다.

 소나무는 나무가 단단하고 잘 썩지 않는다. 벌레가 생기거나 휘거나 갈라지지도 않는다. 그래서 궁궐을 짓거나 절을 지을 때도 소나무를 썼다.

 솔잎과 송진을 약으로 쓴다. 잎은 아무 때나 성성할 때 따서 그대로 쓴다. 솔잎은 잇몸에서 피가 나고 상처가 잘 아물지 않을 때 쓴다. 또 신경통, 관절염, 신경쇠약증에 쓴다. 송진은 고약이나 반창고를 만들 때 쓰는데 염증을 빨리 곪게 하고 고름을 빨아낸다.

겨울에도 잎이 지지 않는 늘푸른바늘잎나무다.
키는 20~40m쯤 자란다. 줄기는
구불구불하기도 하고, 곧게 자라기도 한다.
나무껍질은 붉은 밤색이고 거북 등처럼
갈라지면서 떨어진다.

2001년 1월 충북 충주

신갈나무

도토리

2000년 9월 강원도 원주

잎은 가지 끝에 모여 붙고 타원꼴이다. 잎자루가 매우 짧다. 잎 가장자리는 물결 모양으로 얕게 갈라진다. 5~6월에 암꽃과 수꽃이 한 나무에 핀다. 상수리나무와 달리 꽃이 핀 그해 가을에 도토리가 여문다. 도토리는 둥그렇고 도토리집은 종지 모양이다.

참나무과 | 돌참나무, 물가리나무, 재라리나무 *Quercus mongolica*

　신갈나무는 우리나라 산에서 가장 흔하게 볼 수 있는 참나무다. 잎은 떡갈나무 잎과 비슷하다. 신갈나무만 무리 지어 자라기도 하고, 다른 나무들과 섞여서 자라기도 한다. 추위에도 잘 견뎌서 높은 산에도 있고, 북쪽으로 올라가면서도 숲을 이루며 잘 자란다. 산등성이에서 만나는 참나무는 거의 다 신갈나무다. 서울 남산에는 신갈나무가 크게 무리를 지어 산다.

　신갈나무는 다른 참나무보다 도토리가 일찍 열고 많이 달린다. 익어서 떨어진 것은 줍고 낮은 데 열린 것은 손으로 딴다. 햇도토리는 추석 무렵부터 딸 수 있다. 도토리는 껍질이 조금 두껍다. 삶아서 도토리밥을 해 먹거나 가루를 내어서 묵을 쒀 먹는다. 도토리를 삶을 때 나오는 검은 물로는 옷에 물을 들인다. 나무껍질로도 물을 들일 수 있다. 도토리는 다람쥐, 곰, 멧돼지 같은 산짐승들도 좋아한다. 집에서 기르는 소나 돼지에게도 먹인다. 돼지에게 먹이면 돼지가 살이 찐다.

2000년 12월 충북 제천

겨울에 잎이 지는 큰키나무다.
높이는 20m쯤이며 나무껍질은 딱딱하고
잿빛 밤색이고 거칠게 튼다. 굵은 가지를
많이 친다.

싸리나무

참싸리 *Lespedeza cyrtobotrya*
2000년 7월 강원도 원주

잎은 쪽잎 석 장으로 이루어진 겹잎이다. 쪽잎은 타원꼴인데 끝이 오목하고 가장자리는 밋밋하다. 잎 앞면은 털이 없고 풀색이며 뒷면은 짧고 부드러운 털이 성글게 나 있다. 꽃은 초여름에 붉게 핀다. 꼬투리 열매가 가을에 여문다.

콩과 | 싸리, 싸리낭구, 싸리깨이, 뻬울채, 챗가지

　싸리나무는 산에서 흔히 볼 수 있다. 키가 작고 가지를 많이 쳐서 떨기를 이룬다. 여름부터 자잘한 꽃이 피는데 꿀이 많아서 벌을 치기에 좋다. 잎은 소나 염소나 돼지가 다 잘 먹는다.

　싸릿가지는 흔하게 나는 데다가 잘 구부러지고 질겨서 무엇을 만들어 쓰기에 좋다. 가을이나 겨울에 줄기를 쳐 주면 이듬해에 햇가지가 나온다. 갈색 줄기 껍질을 벗기면 흰 속대가 나온다. 속대를 엮어서 광주리나 채반을 만든다. 껍질을 벗기지 않은 것은 발이나 발채를 만든다. 싸리발을 둘러 세워서 고구마 통가리를 만들기도 한다. 싸리는 대쪽이나 짚과 달리 굵고 억세다. 그래서 알이 잔 곡식을 담아 두거나 널어 말리기에는 덜 좋다. 하지만 바람이 잘 통하고 질겨서 채소나 과일을 널어 말리거나 담아 두면 좋다. 싸릿대로는 비도 맨다. 집을 지을 때는 싸릿대를 엮어 세우고 그 위에 흙을 발라서 벽을 쳤다. 사립문이나 울타리도 싸릿대를 엮어서 쳤다.

2000년 8월 경기도 국립수목원

겨울에 잎이 지는 떨기나무다. 줄기는 곧게 자라고 가지를 많이 친다. 모서리가 있고 부드럽고 흰 털이 있다. 가을에 단풍이 노랗게 든다.

아까시나무(아카시아)

열매 1998년 2월 강원도 원주

1997년 5월 강원도 원주

잎은 어긋나게 붙는데 쪽잎 7~19장으로 이루어진 겹잎이다. 이른 여름에 향기가 진한 흰색 꽃이 많이 모여서 아래쪽으로 핀다. 꼬투리 열매 속에 씨가 여러 알 들어 있다. 씨는 초가을에 검은 밤색으로 여문다.

콩과 | 아가시나무, 가시나무 *Robinia pseudoacacia*

　아까시나무는 이른 여름에 향기가 진한 흰 꽃이 핀다. 아까시나무 꽃은 먹는다. 송이째 따서 훑어 먹기도 하고 꽃지짐을 해 먹기도 한다. 얇고 넓적한 돌을 주워다가 불에 달구고, 그 위에 꽃을 놓고 돌로 눌러 놓으면 맛있는 꽃지짐이 된다. 아까시나무 꽃은 꿀이 많다. 꽃이 많이 피는 해에는 꿀도 풍년이 든다. 벌을 치는 사람들은 아까시나무 꽃이 피는 때에 맞춰서 옮겨 다닌다. 꽃을 따라서 남쪽에서 북쪽으로 올라오면서 벌통을 놓는다. 아까시나무 꿀은 빛깔이 맑고 향기가 좋다.

　1950년대에 우리나라 산에는 나무가 거의 없었다. 그래서 큰 비가 조금만 내려도 강이 넘쳐서 논밭과 집이 물에 잠기곤 했다. 이때 아까시나무를 리기다소나무, 족제비싸리, 사방오리나무와 함께 산에 심었다. 아까시나무는 나무가 없는 메마르고 거친 땅에서 잘 자라서 금세 산을 푸르게 했다. 잎은 토끼나 염소나 소를 먹이고 가지는 땔감으로 쓰고 나무는 단단해서 목재로 썼다. 마룻바닥이나 침목으로 많이 쓴다.

겨울에 잎이 지는 큰키나무다. 큰 것은 20m가 넘도록 자라는 것도 있다. 줄기는 곧게 자란다. 줄기 껍질은 잿빛이 도는 검은 밤색인데 세로로 깊이 터진다. 어린 줄기와 가지에는 큰 가시가 있다.

1997년 12월 강원도 원주

앵두나무(앵도나무)

꽃 1998년 4월 강원도 원주

1998년 6월 강원도 원주

잎은 어긋나게 붙는다. 넓은 타원꼴이고 끝이 좁아진다. 가장자리에 톱니가 있고 앞뒤로 털이 있다. 꽃이 잎보다 먼저 핀다. 4월쯤 묵은 가지에 흰색이나 연분홍색 꽃이 한두 개씩 다닥다닥 붙어서 핀다. 6월이면 잘고 둥근 열매가 빨갛게 익는다. 열매 속에는 단단한 씨가 들어 있다. 씨는 갸름하게 생겼는데 끝이 뾰족하고 겉은 매끈하다.

장미과 | *Prunus tomentosa*

앵두나무는 뜰이나 담 옆에 심어 기르는 과일나무다. 볕이 잘 드는 양지바른 산기슭에서 절로 자라기도 한다. 이른 봄에 꽃이 잎보다 먼저 피는데 무척 곱다. 흰색이나 연분홍색 작은 꽃이 묵은 가지에 소복하게 붙어서 핀다.

앵두는 유월쯤 익는 올과일이다. 보리가 한창 익을 무렵에 익는다. 나무가 작고 가지를 많이 쳐서 어린아이들도 쉽게 앵두를 따 먹을 수 있다. 조선 시대에는 나라 제사에 앵두를 올렸다. 보리, 죽순, 살구같이 이때쯤 나는 것과 함께 올렸다고 한다.

앵두는 굵어도 알이 버찌만 하다. 가지마다 촘촘히 붙어서 많이 달린다. 앵두는 익으면 빨갛게 되어 살이 물러진다. 그래서 오래 두고 먹지는 않는다. 맛은 새콤하면서도 달다. 물이 많아서 많이 먹다 보면 입이 붉어진다. 술을 담글 때는 무르기 전에 딴다. 앵두술은 빛깔이 곱다.

앵두는 독이 없어서 어지간히 먹어도 해롭지 않다. 다른 올과일과 달리 많이 먹어도 배탈이 나지 않는다. 앵두를 먹으면 속이 편하고 힘이 생기고 얼굴빛이 고와진다.

겨울에 잎이 지는 떨기나무다. 줄기는 높이 3m쯤 자라고 가지가 잘 벌어진다. 나무껍질은 검고 겉껍질이 고르지 않게 벗겨져서 거칠다. 가지에는 솜털이 많다.

1999년 4월 충북 제천

엄나무(음나무)

2000년 8월 강원도 원주

잎은 마주나고 잎자루가 길다. 큰 잎은 손바닥처럼 생겼고 5~7갈래로 갈라졌다. 가지 끝에서는 모여서 난다. 꽃은 여름에 햇가지 끝에 모여서 핀다. 콩알 같은 열매가 가을에 검게 익는다.

두릅나무과 | 개두릅나무, 자동 *Kalopanax septemlobus*

　엄나무는 산기슭이나 산골짜기 양지바른 곳이면 어디서나 잘 자란다. 봄에 새순을 따 먹는데 두릅처럼 맛이 있다고 개두릅나무라고도 한다. 엄나무 순은 쌉싸름하면서도 향이 좋다. 살짝 데쳐서 초고추장에 찍어 먹는다. 엄나무 가지는 여름에 닭을 삶을 때 넣는다. 맛도 좋고 뼈마디나 허리가 아픈 데에 좋다.

　엄나무는 키가 크고 가시가 많다. 옛날에는 엄나무 가시가 귀신을 쫓는다고 해서 문설주 위에 걸어 놓았다. 귀신이 엄나무를 무서워하고, 집 안으로 들어오려다가도 가시에 옷자락이 걸려 못 들어올 거라고 믿었다.

　엄나무는 빨리 자라고 오래 산다. 나무도 크다. 그래서 마을 사람들은 오래된 엄나무가 마을을 지켜 준다고 믿었다. 해마다 정월이면 엄나무에 제사를 올리면서 마을에 돌림병이 돌지 않고 나쁜 일이 없기를 빌었다. 나무를 해치면 큰 벌을 받는다 하여 나무를 극진히 보살폈다.

　전라북도 무주군 설천면 심곡리, 경상남도 창원시 신방리, 충청북도 청원군 강외면 공북리에는 아주 오래된 엄나무가 있다. 천연기념물로 정해서 보호하는 나무들이다. 강원도 삼척시 근덕면 선흥 마을에는 나이가 1,000살이나 된 엄나무가 있다.

겨울에 잎이 지는 큰키나무다. 키가 크게 자라며 가지에는 굵고 억센 가시가 있다.
나무가 오래되어 늙으면 가시가 거의 없어진다.
어릴 때는 곁가지를 거의 치지 않고 곧게 자란다.
나무껍질은 어두운 잿빛이 도는 밤색이다.

2001년 1월 경기도 국립수목원

오갈피나무

2000년 10월 경기도 평택

잎은 3~5개의 쪽잎으로 된 겹잎이고 잎자루가 길다.
잎 앞면은 풀색이고 털이 없으며 뒷면은 연한
풀색이고 가운데 잎줄 위에 잔털이 있다. 8~9월쯤
가지 끝에서 푸른빛이 도는 누렇고 작은 꽃이
많이 모여서 핀다. 둥근 열매가 9~10월에 여무는데
익으면 검은색을 띤다.

두릅나무과 | *Eleutherococcus sessiliflorus*

　오갈피나무는 산골짜기나 산기슭에서 잘 자란다. 잎이 세 장이나 다섯 장씩 모여나기 때문에 쉽게 알아볼 수 있다. 잎 생김새 때문에 오갈피라는 이름이 붙었다. 옛날부터 약으로 쓰던 나무인데 지금도 약으로 쓰려고 밭에서 심어 기른다.

　약으로 쓰려면 여름철에 뿌리와 줄기 껍질을 벗긴 뒤 겉껍질을 긁어 내고 햇볕에 말린다. 오갈피 껍질은 기운이 나게 하고 힘줄과 뼈를 튼튼하게 한다. 다리를 잘 쓰지 못할 때, 허리와 무릎이 아플 때, 신경통이나 관절염에 좋은 약이 된다. 어린아이가 걸음마를 늦게 할 때도 약으로 쓴다.

　오갈피나무는 쓸데가 많다. 봄에 나무에서 새순이 올라오면 뜯어다가 데쳐서 나물을 해 먹는다. 껍질은 물에 넣고 끓여서 차처럼 마신다. 경상남도에서는 쌀가루에 오갈피 달인 물을 섞어서 빚은 오갈피술이 유명하다. 몸을 튼튼하게 한다고 해서 옛날부터 즐겨 마셨던 약술이다. 아침 먹기 전에 데워 먹으면 팔다리가 저리거나 허리가 아플 때 좋다.

겨울에 잎이 지는 떨기나무다. 높이는 3~5m이고 줄기는 가지를 많이 친다. 나무껍질은 잿빛을 띠며 줄기와 가지에는 가시가 있는 것도 있고 없는 것도 있다.

2000년 10월 경기도 평택

오동나무

열매 1996년 12월 강원도 치악산

열매 1998년 6월 강원도 원주

꽃 1998년 4월 강원도 원주

참오동나무 *Paulownia tomentosa*
1997년 9월 강원도 원주

참오동나무는 잎이 아주 크고 넓적하다. 끝은 뾰족하고 가장자리는 매끈하다. 때로는 얕게 갈라지는 것도 있다. 뒷면에는 빽빽하게 솜털이 난다. 꽃은 5월에 가지 끝에 핀다. 종 모양이고 희거나 보랏빛이다. 둥근 열매가 가을에 익는다.

현삼과

오동나무는 목재로 쓰기 위해 집 가까이에서 일부러 가꾸는 나무다. 무척 빨리 자란다. 목재가 가볍고 무늬가 곱고 잘 썩지 않아서 가구나 악기를 만드는 데 좋다. 예전에는 딸을 낳으면 오동나무를 심었다. 딸이 시집갈 무렵이면 오동나무가 장롱을 짤 만큼 자라기 때문이다. 오동나무 껍질은 물감 원료로 쓰고 잎은 벌레를 없애는 데 쓴다. 변소 안에 오동나무 잎을 몇 장 넣어 두면 구더기가 생기지 않고 구린내도 덜 난다.

오동나무로 나막신을 만들어 신기도 했다. 오동나무 신은 가볍고 발에 땀이 잘 안 찬다. 잘 닳지도 않아서 오래 신을 수 있었다.

오동나무를 마당에 심으면 여러모로 좋다. 봄에는 큼직한 보랏빛 꽃이 피는데 향기가 참 좋다. 여름에는 잎이 넓어서 그늘이 좋다. 나무 생김새도 아름답다. 오동나무는 물이 잘 빠지는 기름진 땅을 좋아한다. 비탈진 곳에서도 잘 자란다. 울릉도에서는 산에서 저절로 자라는 큰 오동나무가 있다.

참오동나무는 겨울에 잎이 지는 큰키나무다. 키는 15m쯤 된다. 굵은 가지가 사방으로 고루 뻗는다. 나무껍질은 검은 잿빛이다.

참오동나무 1998년 1월 충남 부여

오리나무

2000년 10월 강원도 원주

꽃 1997년 12월 강원도 원주

잎은 어긋나게 붙고 긴 타원꼴이다. 끝이 뾰족하고 가장자리에 잔 톱니가 있다. 열매는 10월쯤 익는다. 달걀 모양인데 처음에는 풀색이다가 점점 어두운 밤색으로 바뀐다.

자작나무과 | *Alnus japonica*

　오리나무는 산기슭이나 개울가, 골짜기 눅눅한 곳에서 자란다. 햇볕을 좋아하는 나무인데 어릴 때는 그늘에서 잘 자란다. 마을 가까이에서도 자란다. '십리 절반 오 리나무'라는 말이 있듯이 오 리마다 심었다고 오리나무란 이름이 붙었다. 논두렁 가까운 곳에 심어 두고 잎이 우거지면 가지를 쳐서 논에 넣었다. 거름으로 썼던 것이다.

　오리나무는 빨리 자란다. 메마른 땅이라도 뿌리를 잘 내린다. 물오리나무, 사방오리나무도 거친 땅에서 잘 산다. 다른 나무는 살기 힘든 땅에 살면서 그 땅을 기름지게 만드는 재주가 있다. 흙이 쓸려 내리는 것을 막기 위해 산에 일부러 심기도 한다.

　오리나무가 자라서 줄기가 굵어지면 목재로 쓴다. 오리나무는 천천히 말리면 갈라지지 않는다. 그릇이나 나막신이나 농사 연장을 만든다. 불땀이 좋아서 대장간에서는 오리나무로 숯불을 지폈다고 한다. 나무 열매와 껍질은 삶아서 옷감에 물을 들인다. 붉은색, 갈색, 검정색 물을 들일 수 있다. 그물을 물들이는 데도 썼다.

겨울에 잎이 지는 큰키나무다. 키가 10~20m
쯤 자란다. 나무껍질은 잿빛 갈색이고 갈라진다.
햇가지는 매끈하며 붉은색을 띤다. 이른 봄에
꽃이 피며 암꽃과 수꽃이 한 그루에 같이 핀다.
잎은 꽃이 질 무렵에 난다.

2000년 1월 경기도 국립수목원

오리나무

옻나무

열매 2000년 9월 강원도 원주

2000년 5월 강원도 원주

잎은 가지 끝에 어긋나게 붙고 쪽잎 9~11장으로 된 깃꼴겹잎이다. 6월쯤 누르스름한 풀색이 도는 작은 꽃이 많이 모여서 핀다. 열매는 9~10월에 여문다. 가을이면 붉나무나 개옻나무처럼 잎이 새빨갛게 단풍이 든다.

옻나무과 | 칠목, 칠순채, 오지나물 *Rhus verniciflua*

옻나무는 옻을 받으려고 심어 기르는 나무다. 산에서 마주치는 옻나무는 기르던 옻나무가 퍼진 것이다. 옻은 옻나무 줄기에서 나오는 잿빛 진을 말하는데 가구나 나무 그릇에 칠한다. 옻칠을 하면 색이 진해지고 반들반들해져서 보기가 좋다. 또 뜨거운 열에 잘 견디고, 물에 젖어서 썩는 것을 막아 준다. 우리나라는 신라 시대 이전부터 옻나무를 귀하게 여겨서 여러 지방에서 길러 왔다. 지금은 강원도 원주에서 나는 옻을 최고로 친다. 원주칠이라고 해서 질도 좋고 양도 가장 많다.

옻나무에는 독이 있어서 잘못 만지면 옻이 오른다. 옻을 심하게 타는 사람은 옻나무를 보기만 해도 옻이 오른다고 한다. 옻이 오르면 살이 가렵고 얼굴이 부어오르고 온몸에 옻독이 돋는다. 옻나무하고 비슷하게 생긴 개옻나무도 만지면 옻이 오른다. 봄에 옻나무 새순을 따서 나물로 먹는데 옻을 타는 사람은 못 먹는다.

겨울에 잎이 지는 작은키나무다. 키는 7m쯤 자란다. 작은 가지는 굵고 잿빛이 도는 누런색이며 어릴 때 털이 있다가 곧 없어진다.

2000년 12월 강원도 원주

유자나무

1998년 11월 전남 목포

잎은 타원꼴이나 긴 타원꼴이다. 윗부분은 뾰족하고 가장자리에는 물결 모양 잔 톱니가 있다. 잎자루에 날개가 있다. 5~6월에 흰 꽃이 피고 둥글넓적한 열매가 가을에 익는다. 껍질은 노랗고 울퉁불퉁하다.

운향과 | *Citrus junos*

유자나무는 전라남도, 경상남도, 제주도에서 많이 난다. 남쪽 지방에서는 치자나무, 비자나무와 함께 유자나무를 특산물로 꼽는다. 전라남도 고흥, 완도와 경상남도 거제, 통영 같은 곳에서 나는 유자는 맛과 향이 좋다.

유자는 가을에 귤보다 큰 열매가 연노란색으로 익는다. 열매를 쪼개면 짙은 향이 난다. 열매 속은 쪽이 열두 개 있고 쪽마다 씨앗이 두세 개 들어 있다. 신맛과 쓴맛이 강해서 날로는 못 먹는다. 껍질째 썰어서 꿀이나 설탕에 재워 두고 차를 끓여 마신다.

유자로 된장도 만들어 먹었다. 유자를 둘로 쪼개어 속을 긁어내고 들기름으로 버무린 된장을 채운다. 다시 두 쪽을 붙여서 불에 얹어 굽는다. 다 구워지면 속에 든 된장을 밥에 비벼 먹는다. 유자된장은 밥맛을 돋워 주고 소화도 잘 되게 하며 맛도 좋다.

유자는 사람 몸에 참 좋다. 가래를 삭여 주고 내장을 튼튼하게 해 준다. 감기 몸살에도 좋다. 술을 많이 마신 뒤에 먹어도 좋다. 가늘게 채 썰어 화채를 만들거나 차를 끓여 마신다.

겨울에도 잎이 지지 않는 늘푸른떨기나무다.
키는 4~6m쯤 된다. 가지는 가늘고 길다.
가지에는 길고 뾰족한 가시가 있다.
개량종은 가시가 없다.

2000년 11월 전남 순천

은행나무

암꽃 1999년 4월 강원도 횡성   수꽃 1999년 4월 강원도 횡성

1996년 9월 경기도 고양

은행

잎은 부채꼴이고 끝이 갈라졌다. 4~5월쯤에 꽃이 피며 암나무와 수나무가 따로 있다. 둥근 열매가 가을에 누렇게 익는다. 열매는 물렁물렁하고 독한 냄새가 난다. 속에 씨앗이 들어 있다. 씨앗 껍질은 단단하다.

은행나무과 | *Ginkgo biloba*

은행나무는 아주 오래전부터 집 가까이나 절에 심어 길렀다. 요즘은 은행나무를 길가나 공원에 많이 심는다. 은행나무는 먼지가 많은 곳이나 공기 오염이 심한 곳에서도 잘 자란다. 키가 너무 크게 자라지도 않고, 다른 나무보다 병도 덜 들고 벌레도 잘 안 먹어서 가꾸기가 쉽다. 가을에 단풍이 노랗게 들고, 암나무에서는 은행도 딸 수 있다. 은행나무는 오래 산다. 경기도 양평 용문사에 있는 은행나무는 1,000년이 넘었다. 키가 60m가 넘는다.

은행은 가을에 딴다. 노란 열매껍질은 냄새가 나고 독이 있다. 잘못 만지면 가렵고 두드러기가 나면서 은행옻이 오른다. 열매껍질을 벗기려면 은행을 따서 한데 모아 놓고 거적을 덮어 둔다. 이렇게 며칠 지나면 열매껍질이 썩는다. 이것을 물에 씻으면 흰 씨앗을 얻을 수 있다. 은행은 구워 먹거나 삶아 먹는다. 날로 먹거나 익은 것이라도 너무 많이 먹으면 탈이 나기 쉽다. 어지럽고 토하거나 설사를 할 수 있다.

은행은 기침이 나면서 숨이 차고 가래가 많을 때 약으로도 쓴다. 오줌이 잦을 때도 먹는다. 은행잎은 여름에 따서 그늘에 말려 두었다가 쓴다. 심장을 튼튼하게 하고 피를 맑게 해 준다. 손발이 저릴 때 먹으면 좋다.

겨울에 잎이 지는 큰키나무다. 높이는 보통 25~30m까지 자란다. 줄기 껍질은 잿빛이고 세로로 갈라진다. 긴 가지와 짧은 가지가 있다. 가을에 단풍이 노랗게 든다. 긴 가지에는 잎이 어긋나게 붙고 짧은 가지에는 여러 개가 모여난다.

1997년 2월 충북 충주

자두나무

1998년 7월 강원도 원주

꽃 1998년 4월 충북 제천

잎은 길쭉하고 뾰족하며 가장자리에 톱니가 있다. 여름에 열매가 익는데 품종에 따라 빛깔과 맛이 다르다.

장미과 | 추리나무, 오얏나무 *Prunus salicina*

자두나무는 자두를 따 먹으려고 심어 기른다. 자두는 시면서도 즙이 많고 달다. 신맛 때문에 자두라는 말만 들어도 저절로 눈이 찡긋해지고 입안에 침이 고인다. 요즘에는 맛이 달고 알이 굵은 자두가 나오기도 한다. 속살이 수박처럼 빨간 자두도 나온다. 이름도 수박자두 또는 피자두라고 한다.

자두나무는 우리나라 어디서나 잘 자란다. 북부 지방이나 강원도 산기슭에서 저절로 자라기도 하지만 주로 집 가까이에 심어 기른다. 나무가 튼튼하고 추운 곳에서도 잘 자란다. 그러나 꽃이 일찍 피기 때문에 늦추위에 꽃과 어린 열매가 해를 입을 수 있다. 자두나무는 꽃다발처럼 무리 지어 피는 꽃이 고와서 뜰에 심기도 한다. 밭둑이나 마당에 심어 두었다가 여름에 열매가 빨갛게 익으면 따 먹는다. 날로도 먹고 설탕을 넣고 졸여서 잼을 만들 수도 있다. 서양에서는 통조림을 만들거나 말렸다가 오래 두고 먹는다.

자두나무 씨앗은 깨뜨려서 알만 모아 햇볕에 말렸다가 약으로 쓴다. 오줌이 잘 나오게 하고 기침을 멎게 하며 뼈가 부러져 아픈 데나 살이 상한 데에 좋다.

겨울에 잎이 지는 작은키나무다. 높이는 3~10m이다. 나무껍질은 검고 거칠다. 짧은 가지는 매끈하고 밤색이다. 이른 봄에 잎보다 먼저 꽃이 핀다. 흰 꽃이 묵은 가지에서 피는데 한 군데서 두세 송이씩 핀다.

1998년 4월 충북 제천

자작나무

2000년 4월 강원도 원주

잎은 어긋나게 붙고 세모에 가까운 달걀꼴이다. 종이처럼 얇다. 암수한그루이고 꽃은 4~5월에 아래로 드리워지면서 핀다. 열매도 아래로 드리우면서 달리고 9~10월에 여문다.

자작나무과 | 봇나무, 보티나무 *Betula platyphylla var. japonica*

　자작나무는 춥고 깊은 산에서 자란다. 백두산 같은 높은 산에서는 숲을 이룬다. 따뜻한 남쪽 지방에서는 보기 어렵다. 자작나무 껍질은 하얗고 윤이 나며 종이처럼 얇게 벗겨진다. 북부 지방에서는 자작나무 껍질로 지붕을 이었다. "기와가 백 년을 가면 자작나무 껍질은 천 년을 간다."고 할 만큼 오래간다. 껍질에 기름기가 많아서 불이 아주 잘 붙는다. 이른 봄 산에 나물을 하러 갔다가 갑자기 비를 만나면 자작나무 껍질을 벗겨서 불을 피우고 손을 녹였다. 하얀 자작나무 껍질은 비를 맞아도 잘 탄다.

　옛날에는 자작나무 껍질에 그림을 그리고 글씨를 썼다. 1,000년도 더 된 천마총 그림도 자작나무 껍질에 그린 것이다. 껍질을 태워 숯을 만들어서 그림을 그리고 가죽을 물들이기도 했다.

　자작나무는 단단하고 결이 고와서 가구도 만들고 조각도 한다. 자작나무는 벌레를 잘 먹지 않고 나무가 잘 썩지 않고 오래간다. 해인사에 있는 고려대장경 경판을 만들 때도 자작나무 종류를 썼다고 한다. 절이나 정자에 거는 현판을 만드는 데도 많이 쓴다.

겨울에 잎이 지는 큰키나무다. 줄기는 곧고 20m가 넘게 자란다. 나무껍질은 희고 윤이 나며 종이처럼 얇게 벗겨진다. 가지는 붉은 밤색이고 점이 있다.

2001년 1월 경기도 국립수목원

잣나무

잣

수꽃 1999년 5월 강원도 원주

1997년 6월 강원도 홍천

잎은 다섯 개씩 뭉쳐나고 뒷면은 흰색을 띤다. 새로 난 잎은 3~4년 동안 붙어 있다가 떨어진다. 봄에 노란빛이 도는 분홍빛 수꽃이 새로 난 가지 밑에 피고, 암꽃은 새로 난 가지 끝에 핀다. 꽃이 핀 이듬해 10월에 잣송이가 여문다.

소나무과 | 오엽송 *Pinus koraiensis*

잣나무는 높은 산이나 추운 곳에서 많이 자란다. 산에서도 흙이 많고 축축한 골짜기에서 잘 자란다. 북쪽에서는 압록강 가까이에 가장 많다. 남쪽에서는 경기도 가평, 양평, 강원도 홍천에 잣나무가 많다. 잣은 보통 9~10월에 딴다. 나무 꼭대기 가까이에 열매가 달리기 때문에 잣을 따려면 나무에 올라가야 한다.

잣송이를 무더기로 쌓아 두고 며칠이 지나면 송진이 없어지고 잣송이가 삭아서 허벅허벅해진다. 이때 잣송이를 낫등으로 두드리거나 발로 비비면 잣이 송이에서 잘 빠져나온다. 잣송이 하나에는 잣이 80~90개쯤 들어 있다. 우리가 먹는 노르스름한 잣은 딱딱한 겉껍질을 깨고 다시 얇은 갈색 속껍질을 털어 낸 것이다. 잣은 기름이 많아서 고소하다. 음식에 곁들이기도 하고 죽도 끓여 먹는다. 잣죽은 잣과 찹쌀 가루를 섞어서 끓이는데 양분이 많고 소화가 잘 된다. 병든 사람이나 노인에게 좋다.

잣나무는 산에 저절로 나서 자라지만 많이 심기도 한다. 가을에 거둔 잣을 땅에 묻어 두었다가 봄에 심어서 나무모를 길러서 심는다. 잣나무는 20년은 자라야 열매가 제대로 달린다.

1997년 2월 강원도 원주

겨울에도 잎이 지지 않는 늘푸른나무다. 키는 20~30m에 이른다. 줄기는 굽는 일이 거의 없이 곧게 자라고 곁가지를 고루 사방으로 뻗는다. 줄기 껍질은 잿빛이 도는 밤색이며 비늘 조각처럼 떨어진다.

전나무

2000년 1월 충북 충주

바늘잎은 뾰족하고 솔잎보다 짧다. 앞면은 짙은
풀색이고 뒷면은 좀 희다. 잎은 3~6년쯤 붙어 있다.
꽃은 봄에 피는데 암꽃과 수꽃이 한 그루에 핀다.
열매는 둥근 통 모양인데 가을에 여문다.
겉이 송진으로 덮여 있는 것이 많다.

소나무과 | 젓나무, 저수리, 삼송, 줏나무 *Abies holophylla*

전나무는 높은 산에서 자라는 나무다. 오대산이나 설악산, 백두산이나 금강산처럼 높은 산에는 하늘을 찌를 듯이 높이 자라난 아름드리 전나무 숲이 많다. 줄기는 곧게 뻗고 가지는 우산을 펼친 듯 뻗어 나간다. 오래 자라면 가지가 거의 없이 미끈해진다. 강원도 오대산 월정사 어귀에는 잘 자란 전나무가 숲을 이루고 있다.

전나무는 기둥이나 대들보로 많이 썼다. 가을에 푸른빛을 띤 밤색 솔방울이 맺히는데 열매가 땅을 내려다보지 않고 하늘을 보고 달린다.

전나무는 오래전부터 길렀다. 가야산 해인사에는 두 아름이 넘는 커다란 전나무가 있는데 1,000년도 더 됐다고 한다. 신라 시대 학자 최치원이 쓰던 지팡이가 뿌리를 내려서 자란 나무라는 이야기도 있다.

전나무는 나무질이 연하고 부드러우며 흰빛을 띤다. 기둥이나 대들보로도 쓰고 반닫이나 상자, 이남박으로도 만들었다. 가볍고 결이 고운 데다 뒤틀리지 않아서 창틀이나 문살을 짜는 데 아주 좋다.

1997년 12월 강원도 원주

늘푸른바늘잎나무다. 키가 40m가 넘도록 아주 크게 자라는 나무다. 줄기가 곧게 자라고 가지는 아래로 처지지 않고 옆이나 위로 뻗는다. 나무껍질은 어릴 때는 벗겨지지만 오래되면 세로로 얕게 터진다. 빛깔도 어릴 때는 희뿌연 밤색이다가 오래되면 더 어두워진다.

조팝나무

초평조팝나무 *Spiraea pubescens f. leiocarpa*
1998년 4월 강원도 원주

1999년 4월 강원도 원주

잎은 톱니가 있는 달걀꼴이다. 여름부터 가을 사이에 열매가 여물어서 저절로 터진다.

장미과 | 조밥나무, 튀밥꽃

    조팝나무는 봄이 되면 들판이나 철둑길, 밭둑에서 가지가 휘도록 하얗게 꽃이 핀다. 가느다란 줄기에 작고 하얀 꽃들이 빽빽이 피어나 줄기가 하얀 꽃방망이같이 보인다. 산이나 들에서 저절로 자라지만 산울타리로도 많이 심는다. 이른 봄에 돋아나는 새순은 뜯어다 나물로 무쳐 먹는다. 꽃은 향기가 진하고 꿀이 많다. 꽃이 탐스러워서 꺾어다가 꽃병에 꽂아 두면 금세 꽃이 지고 잎이 올라온다.

    경기도에는 "조팝나무 꽃 필 때 콩을 심는다."는 말이 있다. 조팝나무 꽃이 피는 5월 초순이 콩을 심기에 알맞은 때이기 때문이다. 전라도에서는 조팝나무를 튀밥꽃이라고 한다. 싸래기꽃, 싸래기튀밥꽃이라고도 한다. 조팝이란 이름도 꽃 모양이 꼭 튀긴 좁쌀 같다고 해서 붙었다. 뜰에 심기도 하는데 꽃집에서 파는 것은 외국에서 들여온 것이 많다. 서양 조팝나무는 꽃도 크고 빛깔도 여러 가지지만 하얗고 탐스럽기로는 우리 조팝나무만 못하다.

겨울에 잎이 지는 떨기나무다. 땅속에서 줄기가 많이 올라와서 큰 포기로 자란다. 가지는 어릴 때 연한 털이 있으나 점차 없어진다. 봄에 가지마다 잎보다 먼저 흰 꽃이 가득 달린다. 작은 꽃들은 4~5송이씩 줄기에 붙어서 핀다. 꽃이 지기 시작하면서 잎이 돋아난다.

1998년 3월 강원도 홍천

졸참나무

도토리　　　수꽃 2000년 4월 강원도 원주

1999년 9월 강원도 원주

잎은 긴 타원꼴이다. 끝이 뾰족하고 밑은 둥그스름하다. 가장자리에 날카로운 톱니가 있다. 앞면은 짙은 풀색이고 뒷면은 옅은 풀색이다. 꽃은 5~6월쯤 피고 암수한그루이다. 도토리집은 얕고 작으며 테두리도 얇다. 열매는 잘고 길쭉하다. 꽃 핀 그해 10월에 여문다.

참나무과 | 재리알, 재잘나무, 재량나무, 침도로나무, 굴밤나무, 속소리나무, 소리나무 *Quercus serrata*

졸참나무는 축축하고 그늘진 산기슭이나 골짜기에 많이 난다. 졸참나무 도토리는 대추씨보다 조금 크다. 워낙 잘아서 도토리를 줍다 보면 손가락 사이로 잘 빠져나간다. 가을에 다른 참나무보다 늦게 도토리가 떨어진다. 졸참나무 도토리는 껍질이 얇아서 가루가 많이 난다. 도토리를 한 말 하면 가루도 한 말 나온다고 할 정도다. 또 가루 맛이 좋다. 그래서 도토리는 작을수록 맛이 좋다는 말이 있다. 강원도에서는 졸참나무 도토리를 재량밤이라고 한다.

졸참나무는 잎사귀도 작다. 참나무 중에 가장 작다. 잎은 작지만 나무는 다른 참나무 못지 않게 굵고 크게 자란다. 졸참나무에 저절로 자라는 표고버섯은 다른 참나무에서 올라온 것보다 작다. 졸참나무도 다른 참나무처럼 쓸모가 많다. 나무를 잘라다가 표고버섯을 기른다. 나무껍질은 물을 들이는 데 쓰고, 잎은 거름으로 쓰고, 도토리는 사람도 먹고 산에 사는 다람쥐나 청설모, 멧돼지, 곰도 먹는다.

겨울에 잎이 지는 큰키나무다. 높이가 15m쯤 되는데 크게 자라면 20m를 넘기도 한다. 나무껍질은 붉은빛이 도는 검은색인데 겉에 연한 풀색 무늬가 있다. 처음에는 매끈하지만 차츰 세로로 얕게 터지면서 거칠어진다.

2001년 1월 경기도 국립수목원

주목

열매 1998년 10월 강원도 원주

1996년 3월 서울 창동

바늘잎은 좁고 긴데 손으로 만져도 따갑지 않다.
앞면은 진한 풀빛이고, 뒷면은 누런 풀빛이다.
암수딴그루이고 4~5월에 꽃이 핀다. 열매는
처음에는 풀색이다가 가을에 여물면 붉은빛이 된다.
열매 속에는 둥글고 딱딱한 씨앗이 하나 들어 있다.

주목과 | 적목, 경목, 노가리낭, 적벽, 정목 *Taxus cuspidata*

주목은 높은 산에서 자라는 나무다. 나무껍질이 붉어서 주목이라고 한다. 잎은 짙푸른 바늘잎이다. 어린 가지는 처음에는 풀빛이지만 자라면서 차츰 붉어진다. 다 자란 가지는 물감을 뽑아 쓸 수 있을 만큼 붉다. 뜰이나 공원, 절에 많이 심는다.

주목은 가을에 앵두처럼 동그란 열매가 빨갛게 익는다. 열매 끝이 열려 있어서 안으로 검은 씨앗이 들여다보인다. 열매는 맛이 달아서 그냥 먹어도 된다. 하지만 씨앗은 독이 있어서 먹으면 안 된다. 새가 주목 열매를 먹으면 씨앗이 똥과 함께 나온다.

주목은 추운 곳에서 잘 자란다. 소백산이나 태백산, 오대산, 설악산처럼 1,000m가 넘는 높은 산 북쪽 골짜기에 모여 자란다. 어릴 때는 큰 나무 밑에서 틈새로 떨어지는 햇빛을 알뜰하게 받아서 조금씩 자라난다. 어릴 때는 무척 더디 자라서 십 년을 자라도 일 미터쯤밖에 안 자란다. 하지만 그렇게 조금씩 꾸준히 자라서 몇십 년, 몇백 년 뒤에는 아주 커다란 아름드리 나무가 된다.

겨울에도 잎이 지지 않는 늘푸른바늘잎나무다. 가지는 사방으로 뻗고 큰 가지와 줄기는 붉은빛이다. 나무껍질은 세로로 갈라지면서 얇게 조각조각 떨어진다. 햇가지는 풀빛이다가 점점 붉은빛이 된다.

2000년 9월 강원도 원주

쥐똥나무

1998년 5월 강원도 원주

잎은 마주나고 타원꼴이다. 가장자리는 매끈하다.
5~6월에 햇가지 끝에 희고 작은 꽃이 모여서 핀다.
9월에 까맣고 둥근 열매가 여문다.

물푸레나무과 | 털광나무, 검정알나무, 백랍나무 *Ligustrum obtusifolium*

 쥐똥나무는 열매가 꼭 쥐똥 같다고 해서 쥐똥나무다. 콩알 같은 열매가 가을이면 까맣게 익는다. 함경도나 평안도에서는 '검정알나무'라고 한다. 5월쯤에 자잘한 꽃이 하얗게 모여 핀다. 꽃은 초롱같이 생겼는데 끝이 십자꼴로 갈라져 있다. 향기가 좋아서 설탕과 함께 재워 술을 담가 먹기도 한다.
 쥐똥나무는 산울타리로 많이 심는다. 어디서나 잘 자라는 데다가 가지치기도 쉽고, 잘라 놓은 대로 반듯하게 푸른 벽을 이뤄서 그대로 울타리가 되기 때문이다. 키도 울타리를 할 만큼 자란다. 공원이나 길가에 많이 심는다. 닭이나 개들이 못 들어가도록 텃밭에 울타리로 많이 심었다.
 쥐똥나무 가지는 새총을 만들기에 딱 좋다. 가지가 Y꼴로 갈라지고, 굵기가 알맞아서 새총을 만들기 쉽다. 잘 부러지지도 않는다. 그래서 새총나무라고도 한다.
 쥐똥나무 열매는 따서 햇볕에 말렸다가 약으로 달여 마신다. 몸을 튼튼하게 하고 피를 멎게 한다. 몸이 허약할 때나 식은땀이 날 때 달여 먹어도 좋다.

겨울에 잎이 지는 떨기나무다. 줄기는 곧게 자라며 가지를 많이 친다. 묵은 가지에는 털이 없고 햇가지에는 짧고 부드러운 털이 배게 있다.

2001년 1월 경기도 국립수목원

쪽동백나무

1999년 7월 강원도 원주

잎은 어긋나게 붙는다. 끝이 뾰족하고 잎자루가 있다. 앞면은 진한 풀색이고 뒷면에는 털이 많이 나서 희게 보인다. 5~6월에 흰 꽃 여러 송이가 모여서 핀다. 열매는 9~10월에 여문다. 열매껍질에 털이 빽빽이 나 있다. 열매가 마르면 터지면서 씨앗이 나온다.

때죽나무과 | 정나무, 산아주까리나무, 개동백나무, 쪽나무, 넉죽나무 *Styrax obassia*

쪽동백나무는 산에서 자라는 작은 나무다. 흔하지는 않고 어쩌다 산길에서 만날 수 있다. 나무 크기에 대면 나뭇잎은 꽤 크다. 큰 것은 길이나 너비가 20cm쯤 된다. 그래서 산에서 만났을 때 잎을 보고 쉽게 알아볼 수 있다.

이른 여름에 꽃이 핀다. 흰 꽃인데 때죽나무처럼 아래쪽으로 달린다. 꽃은 향기가 좋다. 가을에 여무는 열매에서는 기름을 짠다. 쪽동백나무 기름으로 등잔에 불을 밝히고 양초를 만든다. 나무 모양이 곱고 꽃 향기가 좋아서 마당이나 공원에 심으면 좋다.

쪽동백나무 목재는 엷은 누런색이다. 결이 치밀해서 가구를 만들거나 조각을 할 때 쓴다. 나무가 크게 자라지 않아서 장기알, 바가지, 성냥대 같은 작은 물건을 만들 때 쓴다.

쪽동백나무는 때죽나무와 가까운 나무다. 쪽동백나무와 때죽나무는 생김새도 닮았지만 쓰임새도 비슷하다. 둘 다 가을에 여무는 씨앗을 모아서 기름을 짠다. 기름으로는 양초나 비누를 만든다. 때죽나무 열매에는 독이 있다. 예전에 아이들은 때죽나무 열매를 돌로 찧어 시냇물에 풀었다. 열매 속에 든 독으로 물고기를 마취시켜 잡았다.

겨울에 잎이 지는 작은키나무다. 키는 10m에 이른다. 줄기는 곧게 서고 가지를 많이 친다. 묵은 가지 껍질은 매끈하고 윤이 난다. 햇가지에는 털이 배게 나 있다.

2001년 1월 경기도 국립수목원

찔레나무

열매

1996년 5월 경기도 감악산

잎은 어긋나게 붙고 쪽잎 5~9개로 이루어진 깃꼴겹잎이다. 가장자리에 톱니가 있고, 뒷면에 잔털이 있다. 5월에 새로 난 가지 끝에서 향기가 좋은 흰 꽃이 핀다. 꽃잎은 다섯 장이고 수술이 샛노랗다. 가을에 둥근 열매가 붉게 익는다.

장미과 | 가시나무, 질누나무, 질꾸나무, 찔루나무, 들장미 *Rosa multiflora*

찔레나무는 산기슭이나 골짜기, 볕이 잘 드는 냇가에서 덤불을 이루며 자란다. 이름처럼 가지에 날카로운 가시가 많아서 가시나무라고도 한다. 들에서 나는 장미라고 들장미라 하기도 한다. 도시에서는 집 뜰이나 공원에도 많이 심는다.

나무에 한창 물이 오르는 봄이면 찔레나무에서 새순이 올라온다. 찔레순은 물기가 많고 연한 데다 맛이 달큼해서 아이들이 많이 꺾어 먹는다. 껍질을 벗겨서 그냥 씹으면 시원하고 달착지근한 물이 나온다. 찔레순에도 가시가 있지만 물러서 따갑지 않다. 아이들끼리 찔레순을 따다가 불을 피우고 쪄 먹기도 한다. 이것을 '찔레꾸지'라고 한다.

경기도에는 "찔레꽃이 필 때 비가 세 번 오면 풍년이 든다."는 말이 있다. 찔레꽃이 피는 5월 하순은 모내기에 알맞은 때다. 이때 비가 오면 논에 물을 대고 제때 모내기를 할 수 있어서 풍년이 든다는 것이다.

찔레꽃은 향기가 좋아서 향수나 화장품을 만들 때 잘 쓴다. 옛날에는 꽃잎을 따서 말린 다음 향주머니에 넣고 다녔다. 또 베갯속에 넣고 자면 밤새 은은한 향기를 맡을 수 있다. 아가씨들은 꽃잎을 비벼서 얼굴을 씻기도 했다.

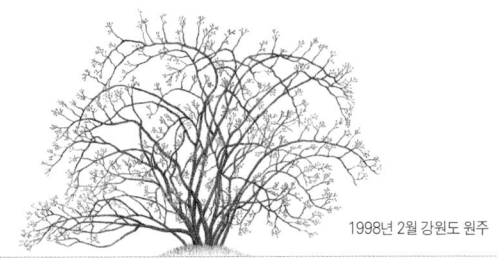

겨울에 잎이 지는 떨기나무다. 덩굴나무는 아니지만 긴 줄기가 활처럼 휘어서 덤불을 이룬다. 가지에는 날카로운 가시가 많다.

1998년 2월 강원도 원주

차나무

2000년 11월 전북 전주수목원

잎은 어긋나게 붙고 길쭉하며 톱니가 있다. 짙은 풀색이고 윤이 난다. 가을에서 겨울에 걸쳐 흰 꽃이 아래를 보고 핀다. 꽃은 향기가 있다. 열매는 이듬해 가을에 여문다. 갈색으로 여물면서 세 쪽으로 벌어진다. 그 안에 짙은 갈색 씨앗이 세 개 들어 있다. 씨앗은 둥글고 껍질이 딱딱하다.

차나무과 | *Camellia sinensis*

　차나무는 찻잎을 따는 나무다. 우리가 마시는 녹차나 홍차가 모두 차나무 잎으로 만든 것이다. 요즘에는 차를 마시는 사람이 늘어나면서 차밭을 크게 만들어 가꾼다. 차나무는 병이 잘 안 들고 벌레를 잘 안 먹어서 기르기가 좋다. 따뜻하고 비가 많이 오는 전라남도 보성, 광양, 경상남도 하동, 제주도에서 많이 기른다. 지리산에는 차나무가 저절로 자란다.

　차나무는 봄에 새 가지가 나면서 잎이 많이 돋아난다. 새 가지에 난 잎을 한 해에 서너 번 따서 차를 만든다. 차는 잎이 아직 연할 때 따서 만들어야 맛있다. 4월 중순 곡우 무렵에 따는 게 가장 좋다. 뜨겁게 달군 가마솥에 찻잎을 여러 번 볶아서 말린다. 차는 너무 뜨거운 물에 우려내면 맛이 떫어진다. 미지근할 정도로 따뜻한 물에 우려야 향이 좋고 맛이 고소하다. 찻잎은 세 번쯤 우려내도 맛이 좋다. 다 우려낸 찻잎도 버리지 않고 화분이나 나무 밑에 놓아 두면 좋은 거름이 된다. 가렵거나 벌레 물린 데에는 찻물을 바르면 좋다. 줄기로는 고급 단추를 만들고 열매는 기름을 짜서 쓴다. 기름을 짜고 남은 찌꺼기는 비료로 쓰거나 짐승을 먹인다. 비누 대신 쓰기도 한다. 또 차나무 열매는 동글동글하고 단단해서 구슬치기를 할 수 있다.

겨울에도 잎이 지지 않는 떨기나무다. 키는 6~8m까지 자란다. 보통 사람이 기르는 것은 가지 끝을 해마다 잘라 줘서 사람 키보다 작다. 가지는 가늘고 많이 갈라진다. 햇가지는 갈색이고 잔털이 있으나 점점 털도 없어지고 잿빛이 된다.

2000년 10월 전북 전주수목원

참나무

떡갈나무
Quercus dentata

신갈나무
Quercus mongolica

굴참나무
Quercus variabilis

갈참나무
Quercus aliena

졸참나무
Quercus serrata

상수리나무
Quercus acutissima

참나무과 | 도토리나무, 굴밤나무, 상수리나무, 가둑나무 *Quercus*

　도토리가 열리는 나무를 두루 참나무라고 한다. 상수리나무를 참나무라 하는 곳도 있다. 도토리는 쌀이 귀하던 때 밥 대신 먹었다. 옛날에는 가을이 되면 산골 사람들이 몇 가마니씩 도토리를 주워 모았다. 일 년 내내 양식 삼아 먹기 위해서였다. 도토리를 껍데기째 큰 가마솥에 넣어서 삶는다. 이렇게 삶아서 바짝 말려 두면 벌레가 나지 않고, 1년이고 2년이고 두고 먹을 수가 있다. 요즘은 묵을 쑤거나 국수를 만들어서 많이 먹는다. 묵을 해 먹으려면 삶지 않고 껍질만 까서 그냥 말린다.

　참나무는 목재도 좋고 숯도 좋다. 예전에는 어린 순과 잎도 뜯어다가 나물로 먹었다. 참나무 숯은 무겁고 잘 부서지지 않아서 으뜸으로 친다. 불을 피우고 장독에도 넣는다. 장을 담글 때 숯을 띄우면 장맛이 변하지 않고 나쁜 냄새도 빨아들인다. 요즘은 참나무를 베어다가 표고버섯을 기르는 데 많이 쓴다.

　참나무에는 상수리나무, 졸참나무, 신갈나무, 떡갈나무, 굴참나무, 갈참나무들이 있다. 나무마다 생김새와 사는 곳이 조금씩 다르다. 상수리나무는 마을 가까이에 많고, 산에는 신갈나무, 굴참나무, 졸참나무, 떡갈나무가 많다. 상수리나무와 굴참나무는 잎이 밤나무 잎처럼 길쭉하고 떡갈나무 잎은 넓적하고 크다. 우리나라 산 어디서나 참나무를 흔하게 볼 수 있다.

참죽나무

2000년 6월 강원도 원주

잎은 어긋나게 붙는데 깃꼴겹잎이다. 쪽잎은 10~20장이다. 잎 앞면은 윤이 나고 뒷면은 옅은 풀색이다. 6월 중순쯤에 희고 자잘한 꽃이 가지 끝에 모여서 핀다. 높은 곳에 피어서 보기가 힘들다. 열매는 가을에 익고, 익으면 갈라진다.

멀구슬나무과 | 참중나무, 쭉나무 *Cedrela sinensis*

　참죽나무는 키가 큰 나무다. 잔가지가 없이 곧고 빠르게 자라서 집 지을 때 기둥으로 쓴다. 전라도에서는 집집이 참죽나무를 한두 그루씩 심었다. 울타리 옆이나 뒷뜰에 몇 그루씩 심기도 했다. 나무가 향기롭고 아름다워서 보기에도 좋다. 봄이면 새순을 뜯어 나물로 무쳐 먹는다. 새순이 많이 나면 장터에 가져가서 팔기도 한다. 가까운 곳에 있는 순은 장대에 낫을 묶어서 따고, 높은 곳은 사다리를 놓고 올라가서 딴다.

　참죽나무와 닮은 나무로 가죽나무가 있다. 생긴 것도 많이 닮고 이름도 비슷하다. 참죽나무 목재는 속이 단단하지만 가죽나무는 속이 성글어서 목재로 쓰지 못한다. 또 참죽나무는 잎이 향기로워서 맛있지만 가죽나무는 노린내가 나서 먹을 수 없다.

　참죽나무 새순과 잎은 날로 무쳐 먹는다. 데쳐서 말렸다가 오래 두고 먹을 수도 있다. 찹쌀가루를 묻혀 기름에 살짝 튀겨 먹기도 한다. 참죽 부각은 맛이 좋다.

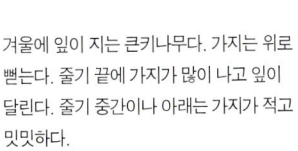

겨울에 잎이 지는 큰키나무다. 가지는 위로 뻗는다. 줄기 끝에 가지가 많이 나고 잎이 달린다. 줄기 중간이나 아래는 가지가 적고 밋밋하다.

2000년 11월 경기도 평택

측백나무

열매

1998년 10월 강원도 원주

비늘잎은 짧은 가지에 붙는데 만져도 따갑지 않다. 잎 양쪽이 모두 진한 풀빛이다. 2~3년 동안 붙어 있다가 말라 버린다. 봄에 꽃이 피며 암수한그루이다. 열매는 그해 가을에 밤색으로 여무는데 여물면 떨어진다.

측백나무과 | *Thuja orientalis*

측백나무는 공원이나 뜰에 많이 심는다. 바닷가에서는 측백나무 숲을 가꿔 바닷바람을 막았다. 측백나무는 추위와 가뭄, 공해에도 끄떡없을 만큼 튼튼해서 기르기가 쉽다. 가지치기도 쉽고 새 가지도 잘 돋아나서 산울타리로 꾸미기에 좋다. '신선이 되는 나무'라고 해서 절이나 정자나 무덤 옆에도 많이 심었다. 측백나무 잎과 열매가 몸에 아주 좋기 때문이다. 중국에는 측백나무 잎과 열매를 먹고 신선이 되었다거나 몇백 년을 살았다거나 빠진 이가 다시 나오고 머리가 검어졌다는 이야기가 많다.

그동안 측백나무는 중국에서 옮겨다 심은 나무라고들 했다. 하지만 우리나라에도 저절로 자라는 측백나무 숲이 있어서 토박이 나무라고도 한다. 대구시 달성군 도동 마을 향산에는 깎아지른 절벽에 측백나무가 다른 나무들과 어우러져 자라고 있다. 이 측백나무는 우리나라 천연기념물 제1호다. 경상북도 영양과 안동, 충청북도 단양 같은 곳에도 오래된 측백나무 숲이 있다.

겨울에도 잎이 지지 않는 늘푸른바늘잎나무다. 키가 20m까지 자란다. 줄기는 곧게 위로 자라는데 때로는 떨기나무처럼 여러 갈래로 갈라져서 자라기도 한다. 나무껍질은 어두운 밤색이고 세로로 터지면서 길고 얇게 벗겨진다. 햇가지는 풀색인데 점점 밤색이 된다.

2000년 11월 강원도 원주

층층나무

1998년 5월 강원도 원주

잎은 어긋나게 붙고 타원꼴이다. 잎자루가 있고 잎 가장자리는 밋밋하다. 잎 양면에 털이 살짝 난다. 5월쯤에 햇가지 끝에 흰 꽃이 모여서 핀다. 열매는 가을에 검게 익는다.

층층나무과 | 물깨금나무, 말채나무, 껴그렁나무 *Cornus controversa*

　층층나무는 가지가 해마다 한 층씩 돌려나서 여러 층을 이룬다. 그래서 이름도 층층나무다. 산 중턱이나 골짜기에서 다른 나무와 어우러져 자란다. 이른 여름에 흰 꽃이 나무를 가득 덮은 것처럼 핀다. 산딸나무도 층층나무처럼 희고 자잘한 꽃이 나무 가득 달린다. 층층나무나 산딸나무는 여럿이 무리를 지어 숲을 만드는 일은 없다. 한참씩 멀리 떨어져서 어쩌다 한 그루씩 자라나곤 한다.

　층층나무는 우리나라 어디서나 볼 수 있다. 제주도에서 함경북도 백두산까지 자란다. 함경남도는 층층나무가 유난히 많이 난다. 층층나무는 우리나라뿐만 아니라 일본이나 중국, 만주, 히말라야에서도 자라는 나무다. 나무 생김새가 남다르고 여름에 피는 꽃이 아름다워서 뜰이나 길옆에 심는다. 꽃은 벌을 칠 수 있고, 나무는 농기구나 양산 자루를 만들고, 나무껍질은 옷감에 검은 갈색 물을 들인다.

겨울에 잎이 떨어지는 큰키나무다. 키는 20m에 이른다. 나무껍질은 어두운 잿빛을 띠고 잘 벗겨지지 않는다. 늙은 나무껍질은 세로로 얇게 갈라진다. 가지는 마디마다 돌려 붙는데 고르게 층을 이룬다.

2000년 8월 강원도 치악산

치자나무

2000년 11월 전남 순천

잎은 마주나는데 긴 타원꼴이고 끝이 뾰족하다. 두툼하면서 윤기가 나고 가장자리는 매끈하다. 여름에 향기가 진한 흰 꽃이 핀다. 가을에 열매가 노르스름하면서 붉게 익는다.

꼭두서니과 | *Gardenia jasminoides*

치자나무는 꽃을 보고 열매를 쓰려고 심어 기르는 나무다. 따뜻한 남부 지방에서 잘 자란다. 치자 꽃은 크고 향기가 좋다. 옛날 사람들은 술에 치자 꽃을 띄워 마시기도 했다. 열매는 약으로 쓴다. 몸이 붓거나 입이 마를 때 먹어도 좋다. 동상에 걸렸을 때 열매를 으깨어 즙을 발라도 좋다. 허리가 결리거나 관절염이 있을 때 치자를 으깨서 식초와 밀가루, 달걀흰자를 섞어 바르면 곧 낫는다. 손목이나 발목이 삐었을 때도 쓴다. 노란 물을 들이는 데 쓴다.

치자나무 열매를 치자라고 한다. 치자는 아주 옛날부터 물을 들였다. 잘 마른 치자를 반으로 쪼개어 물에 띄우면 노란 물이 누에실처럼 번져 나가는 것을 볼 수 있다. 그 물에 결 고운 모시를 담그면 노란 물이 올올이 곱게 든다.

옷감뿐만 아니라 음식에도 물을 들였다. 잔치 때나 제사 때 만들어 먹는 부침개에 노란 물을 들인다. 녹두전을 할 때도 치자를 녹두와 함께 갈아서 반죽을 한다. 단무지를 노랗게 물들일 때도 치자를 쓴다. 옛날에는 집집이 치자 열매를 실에 꿰어 방에 말려 두고 썼다.

치자 꽃은 향기가 좋아서 향수를 만들 때 쓴다. 꿀도 많다. 치자나무에서 딴 꿀은 맛과 향이 아주 좋다. 치자 꽃으로 술을 담그면 향기도 좋고 빛깔도 맑은 술이 된다. 조선 시대에는 치자 꽃으로 식혜를 만들어 먹었다. '담복식혜'라고 한다. 맛이 좋고 아주 향기롭다고 한다.

겨울에도 잎이 지지 않는 떨기나무다.
나무 높이는 1~2m이고 가지를 많이 친다.
나무껍질은 밤색이 도는 잿빛이다. 어린
가지에는 짧은 털이 있다.

2000년 11월 전남 순천

탱자나무

1999년 10월 충남 부여

잎은 어긋나게 붙는다. 쪽잎 세 장으로 이루어진 겹잎이다. 잎자루에 날개가 있다. 5월쯤 잎이 나기 앞서 꽃이 핀다. 꽃 빛깔은 희고 향기가 좋다. 둥근 열매가 처음에는 푸르다가 가을이면 누렇게 익는다. 냄새가 좋고 겉에 솜털이 있다.

운향과 | 구귤, 지귤 *Poncirus trifoliata*

　탱자나무는 산울타리로 많이 심는 나무다. 양지바른 산기슭이나 들판에서 저절로 자라기도 한다. 따뜻한 곳을 좋아해서 강화도보다 더 북쪽에서는 살지 못한다. 탱자나무는 여러모로 울타리를 하기에 좋다. 나무가 다 자라도 나지막하고 가시가 억세고 날카롭다. 봄에는 향기로운 흰 꽃이 피어서 보기 좋고, 가을에는 탱자가 누렇게 익는다. 탱자는 귤과 비슷하게 생겼는데 알은 귤보다 잘고 단단하다. 겉에는 보드라운 솜털이 있고 향이 아주 좋다. 탱자는 맛이 시고 써서 날로 먹지는 못한다. 말려서 약으로 쓴다. 탱자나무는 가시가 아주 많다. "탱자나무 울타리는 귀신도 뚫지 못한다."는 말이 있을 정도로 가지가 빽빽하고, 가지마다 억세고 날카로운 가시가 있다. 옛날에는 마을에 돌림병이 돌면 탱자나무 가지를 잘라서 문 위에 걸어 두었다. 탱자나무 가지가 병을 옮기는 귀신을 쫓아 준다고 믿었기 때문이다.

　강화도에는 오래된 탱자나무가 많다. 병자호란을 겪고 나서 성 밑에 탱자나무를 많이 심었기 때문이다. 강화읍 갑곶리에는 400년쯤 된 탱자나무가 있다. 강화군 화도면 사기리에도 천연기념물로 정한 탱자나무가 있다. 이 나무도 400년쯤 되었다.

겨울에 잎이 지는 떨기나무다. 줄기는 모가 나고 넓적하며 풀색이고 털이 없다. 줄기에 길고 넓적한 가시가 어긋나게 붙는다.

2000년 10월 충남 부여

팽나무

2000년 5월 경북 대구

잎은 끝이 뾰족하고 일그러진 타원꼴이다. 앞면은 풀빛이고 뒷면은 연한 풀빛이다. 봄에 노란 꽃이 피고, 가을에 열매가 여문다. 콩알 같은 열매가 처음에는 푸르다가 익으면 빨갛게 된다.

느릅나무과 | 달주나무, 매태나무, 폭나무 *Celtis sinensis*

팽나무는 우리나라 어디에서나 잘 자란다. 땅이 깊고 평평한 곳을 좋아한다. 팽나무는 오래 살고 크게 자란다. 500살에서 많게는 1,000살까지 산다. 한곳에 뿌리를 내리면 우뚝하게 자라나 오래도록 마을을 지키는 정자나무가 된다. 정자나무는 동구 밖이나 동네 마당, 길옆에서 자라는 큰 나무를 말한다. 봄에 팽나무에 새순이 돋으면 따서 나물로 먹는다. 물에 여러 번 우려내야 먹을 수 있다. 여름에는 넓은 그늘 밑에서 더위를 식히고 낮잠을 자기도 한다. 가을에 팽이 붉게 익으면 따 먹는다. 팽은 팽나무에 열리는 콩알만 한 열매다. 살이 많지는 않아도 맛이 달다. 기름도 짠다.

팽나무가 크면 통째로 베어다 속을 파서 통나무배를 만들었다. 이 배는 강이나 호수, 또 가까운 바다에서 고기를 잡을 때나 강을 건널 때 두루 탔다. 이런 배를 '마상이'라고 했다.

팽나무 목재는 단단하고 잘 갈라지지 않는다. 도마를 만들면 아주 좋다. 음식 찌꺼기가 조금이라도 묻어 있으면 금세 검푸른 곰팡이가 슬면서 썩기 때문이다. 그만큼 깨끗이 간수해야 하니 도마감으로 알맞다.

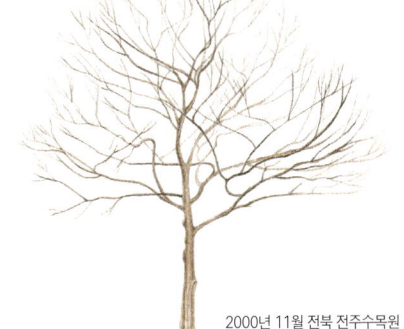

2000년 11월 전북 전주수목원

겨울에 잎이 지는 큰키나무다. 나무껍질은 잿빛이다. 가지를 많이 치는데, 새로 난 가지는 풀빛 밤색이며 겉에 잔털이 빽빽하게 덮여 있다.

플라타너스

열매와 씨앗 1998년 2월 강원도 원주

플라타너스(양버즘나무) *Platanus occidentalis*
1997년 9월 강원도 원주

플라타너스는 잎이 어긋나게 붙고 잎자루가 길다. 아주 크고 넓적하며 3~5갈래로 얕게 갈라졌다. 봄에 잎과 함께 꽃이 핀다. 암수한그루이다. 열매는 방울처럼 생겼는데 하나씩 달린다.

플라타너스과 | 방울나무, 버즘나무

플라타너스는 길가에 많이 심는다. 나무껍질이 살갗에 버즘이 핀 것처럼 얼룩덜룩 벗겨지기 때문에 버즘나무라고도 한다. 열매가 방울처럼 생겼다고 방울나무라고도 한다. 플라타너스는 열매가 하나만 달리는 것도 있고 서너 개가 달리는 것도 있다.

플라타너스는 튼튼하고 빨리 자라는 나무다. 메마른 땅에서도 잘 자라고 추위에도 강하다. 상처를 입어도 스스로 낫는 힘이 강해서 여간해서는 죽지 않는다. 공해에도 잘 견디고 먼지나 나쁜 물질까지 빨아들여서 큰 도시의 길가에 많이 심는다.

우리나라에 들어온 지는 백 년이 채 안 됐다. 그래서 아주 큰 나무는 없지만 다른 나라에는 둘레가 10m가 넘는 나무도 있다. 나무가 오래되고 굵어지면 줄기 속이 썩어서 커다란 구멍이 생긴다. 구멍은 사람이 들어갈 수 있을 만큼 크다고 한다.

겨울에 잎이 지는 큰키나무다. 나무껍질은 잿빛이다. 작은 조각으로 벗겨져서 얼룩덜룩하다.

2000년 12월 강원도 원주

피나무

2000년 7월 강원도 홍천

잎은 어긋나게 붙고 심장 모양이다. 잎자루가 길고 잎 뒷면에 털이 조금 나 있다. 꽃은 6~7월에 피고 열매는 9~10월에 익는다. 꽃에는 기다란 잎이 붙어 있는데 열매가 익은 뒤에도 남아 있다.

피나무과 | 달피나무, 피목 *Tilia amurensis*

    피나무는 높은 산에서 자라는 나무다. 피나무는 결이 세지 않으면서 물건을 만들어 놓으면 갈라지지 않는다. 가벼워서 쓰기도 좋다. 함지도 깎고 떡판도 만들고 여물통, 쌀통, 소반 같은 것을 만든다.

    함경도에서는 굴뚝을 '구새'라 하는데 구새감으로 50년 넘게 자란 피나무를 첫손에 꼽는다. 뿌리 쪽이 썩기 시작할 때 베어서 가운데를 파고 썼다. 강원도 인제에서는 토종벌을 기를 때 피나무 통을 많이 쓴다. 피나무는 어느 만큼 자라면 속이 저절로 비게 된다. 속이 빈 나무를 잘라서 구멍을 파서 좀 더 넓히고, 한 해 남짓 그늘에서 말리면 좋은 벌통이 된다.

    피나무 껍질은 질기고 튼튼하고 섬유질이 많다. 진이 나와서 물에 젖어도 잘 썩지 않는다. 그물이나 밧줄도 만들고 바구니도 만들었다. 옛날에는 옷도 만들었다. 삿자리를 만들어 방바닥에 깔기도 했다. 피나무라는 이름은 이렇게 껍질을 쓰는 나무라는 데서 붙은 것이라고 한다.

겨울에 잎이 지는 큰키나무다. 줄기는 높이
20~25m쯤 된다. 줄기가 곧게 자라고
나무껍질은 검은 잿빛이다.

2000년 12월 충북 제천

함박꽃나무

1998년 5월 강원도 원주

잎은 어긋나게 붙고 달걀꼴이다. 윗면은 풀빛이고 윤기가 나며 뒷면은 희다. 늦봄에 크고 향기로운 흰 꽃이 핀다. 꽃잎은 보통 여섯 장이다. 열매는 타원꼴이고 가을에 붉게 여문다.

목련과 | 목란, 산목란, 산목련 *Magnolia sieboldii*

    함박꽃나무는 깊은 산 중턱, 물이 흐르는 골짜기나 산기슭에서 자란다. 가을에 잎이 지는 다른 나무들과 섞여서 자란다. 추위에 잘 견디는 나무지만 함경도, 자강도, 양강도 산골짜기에서는 너무 추워서인지 자라지 않는다.

    늦은 봄에 하얗고 큰 꽃송이가 함박웃음처럼 아름답게 피어난다. 꽃이 목련꽃을 많이 닮았다. 그래서 산목련이라고도 하고 개목련이라고도 한다. 전라도에서는 작약을 함박꽃이라고 한다. 작약은 꽃밭에 많이 심는 약초다.

    목련은 잎보다 꽃이 먼저 피지만 함박꽃나무는 넓은 초록색 잎사귀가 다 펼쳐진 다음에야 꽃이 핀다. 봄이 가고 막 여름이 시작될 즈음 깊은 산골짜기에서 아름답게 피어난다. 저절로 자라는 우리 꽃나무 중에 이만큼 크고 아름다운 꽃이 피는 것도 드물다. 북한에서는 마치 나무에 피는 난초 같다고 '목란'이라고 하며 나라꽃으로 삼았다. 함박꽃은 탐스럽고 향기가 좋고 꿀이 많다. 열매 속에 있는 씨앗으로는 기름을 짠다. 잎, 꽃, 나무껍질은 약으로 쓴다.

2000년 8월 경기도 국립수목원

겨울에 잎이 지는 작은키나무다. 키는 4~10m쯤 된다. 가지는 좀 굵고 매끈하다. 나무껍질은 잿빛 나는 흰색이다. 햇가지는 흰색이고 털이 있다.

해송(곰솔)

1999년 11월 강원도 강릉

바늘잎은 두 개씩 모여난다. 끝이 뾰족하고 소나무 잎보다 굵다. 꽃은 5월에 피는데 암꽃과 수꽃이 한 그루에 핀다. 솔방울은 가지 끝에 한 개 또는 여러 개가 달린다. 처음에는 풀색이다가 여물면 밤색으로 된다. 씨앗은 꽃이 핀 이듬해 가을에 여문다.

소나무과 | 흑송 *Pinus thunbergii*

바닷가에서 잘 자라는 소나무다. 바닷가에서 잘 자란다고 해송이라고 한다. 잎이 억세다고 곰솔이라고 하고, 줄기 빛깔이 검다고 흑송이라고도 한다. 바닷가에서는 해송 숲을 가꿔서 바람이 마을로 들이치는 것을 막는다.

해송은 남쪽 지방 바닷가에서 잘 자란다. 제주도를 비롯한 남쪽 바닷가에 좋은 해송밭이 많다. 북쪽으로는 인천까지, 동해안을 따라서는 경상북도 울진, 강원도 삼척까지 자라고 있다.

해송은 소나무만큼 크게 자라지는 않지만 좋은 목재가 된다. 나뭇결이 곱고 휘거나 뒤틀리거나 틈새가 생기지 않는다. 집을 짓는 데 쓰고 땔감으로 쓴다. 송진이 많아서 불땀이 아주 세다. 땅에 떨어져 쌓인 해송 잎도 불땀이 좋아서 구들방을 덥히고 밥을 짓는 데 썼다. 종이를 만드는 데도 쓴다.

겨울에도 잎이 지지 않는 늘푸른바늘잎나무다. 어린 해송은 원뿔 모양이며 줄기 마디마다 곁가지가 여러 개씩 돌려나서 층을 이룬다. 줄기는 곧게 자라는데 바닷바람 때문에 구부러지기도 한다. 나무껍질은 거칠고 잿빛 밤색이다가 오래되면서 더 깊게 갈라지고 검어진다.

2000년 11월 전남 여수

향나무

열매 1998년 1월 강원도 원주

어린 가지에는 보통 바늘잎이 달리는데 만지면 따갑다. 그러나 오래된 가지에는 비늘잎이 더 많이 난다. 만지면 부드럽다. 4월쯤 꽃이 피는데 작아서 눈에 잘 띄지 않는다. 열매는 이듬해에 짙은 자주색으로 여물면서 벌어진다. 열매 속에는 씨앗이 두세 개 들어 있다.

1997년 3월 강원도 원주

측백나무과 | 상나무, 상낭구, 향낭그, 노송나무 *Juniperus chinensis*

향나무는 온 나무에서 향기가 난다. 그래서 이름도 향나무다. 향나무를 태우면 향긋한 냄새가 퍼진다. 제사 때 화로에 피우는 향은 이 나무를 깎아서 만들었다. 향나무는 목재로도 무척 좋다. 나무속이 붉고 윤기가 나서 아름다울 뿐만 아니라 연해서 다루기가 쉽다. 가지를 그대로 말렸다가 가루를 내어 모기향으로 쓴다.

옛날부터 우물가에 향나무나 버드나무, 구기자나무를 심는 풍습이 있다. 향나무는 모기 같은 날벌레가 가까이 못 오게 하고 우물가에 신선한 향내를 풍긴다. 길을 가다가도 향나무를 보면 그곳에 우물이 있다는 것을 바로 알 수 있었다.

향나무는 오래 산다. 울릉도에는 향나무가 많은데 천 년이 넘은 것도 있다. 향나무는 섬이나 바닷가에서 저절로 자라기도 하지만, 냄새가 좋고 겨울에도 잎이 지지 않고 모양이 아름다워서 뜰이나 절이나 공원에도 많이 심는다.

향나무는 냄새가 좋은데다 결이 곧고 윤이 나서 좋은 목재로 꼽힌다. 절에서 바리때와 수저를 만들고 불상을 만든다. 향나무로 상자를 만들어 책이나 옷을 넣어 두면 벌레가 생기지 않는다.

겨울에도 잎이 지지 않는 늘푸른바늘잎나무다. 줄기가 곧게 자란다. 자라면서 줄기가 비틀어지고 구부러지는 것이 많다. 어린 가지는 풀색이지만 차츰 검게 된다. 오래된 나무는 껍질이 세로로 터지면서 얇게 벗겨진다.

둥근향나무 1997년 2월 충북 청원

호두나무

호두

1999년 7월 충북 충주

잎은 쪽잎 3~7장으로 된 겹잎이다. 쪽잎은 길쭉하고 톱니가 없다. 잎 윗면은 진한 풀색이고 윤이 난다. 5월쯤 꽃이 피는데, 암꽃과 수꽃이 한 나무에 핀다. 열매는 둥글고 풀색이다. 가을에 검게 여물면서 벌어진다. 벌어지면서 호두가 떨어진다.

가래나무과 | *Juglans regia*

호두는 고소하고 맛이 좋다. 딱딱한 껍질을 깨뜨리고 안에 든 속살을 먹는다. 호두 속에는 몸에 좋은 기름이 많아서 많이 먹으면 얼굴이 반질반질해진다. 호두 두 알을 한 손에 쥐고 굴리면 머리가 맑아진다.

호두는 다람쥐나 청설모도 좋아한다. 한여름이 지나서 풋호두가 떨어지면 아이들은 떨어진 호두를 주워다 돌에 갈아서 속살을 빼 먹는다. 아직 덜 여문 하얀 속살이 풋풋하고 맛있지만 열매껍질 때문에 손이 새까맣게 물이 든다.

호두나무는 뜰이나 밭둑, 산비탈에 심어 기른다. 물이 잘 빠지는 땅에 심으면 잘 자란다. 뜰에 호두나무를 한 그루 심어 두면 그늘도 시원하고 호두도 먹을 수 있어 좋다. 정월 대보름날 호두나 땅콩이나 잣, 밤 같은 딱딱한 과일을 먹는다. '부럼'이라고 한다. 대보름날에 부럼을 먹으면 이가 튼튼해지고 일 년 내내 건강하다고 한다.

호두는 약으로도 쓴다. 기침을 멎게 하고, 가래를 삭이며, 변비에도 좋다. 기름을 짜고 남은 찌꺼기도 버리지 않고 과자나 엿을 만들 때 넣으면 좋다.

호두나무는 단단해서 비행기나 배를 만드는 데 쓴다. 가볍고 탄력이 있는 데다 기름기가 많아서 물에 젖어도 갈라지거나 비틀어지지 않아 살림살이, 악기, 공예품을 만들 때 많이 쓴다.

겨울에 잎이 지는 큰키나무다. 높이는 20m 안팎이다. 줄기가 곧게 자라고 매끈하다. 나무껍질은 처음에는 잿빛 밤색이다가 점차 검어진다.

2001년 1월 충북 충주

화살나무

2000년 5월 강원도 원주

잎은 마주나고 버들잎 모양이다. 가장자리에 톱니가 있고 끝이 뾰족하다. 가을에는 붉게 단풍이 든다. 5~6월에 자잘하고 연한 풀색 꽃이 2~5개씩 피는데 눈에 잘 띄지 않는다. 열매는 9~10월에 빨갛게 여문다.

노박덩굴과 | 홑잎나무, 참빗나무, 참빗살나무, 횟잎나무 *Euonymus alatus*

화살나무는 가지에 화살 깃처럼 생긴 날개가 붙어 있다. 한 가지에 보통 날개가 두 줄에서 넉 줄쯤 달리는데 생김새가 화살 깃을 닮았다고 이름도 화살나무다. 옛날에는 이 나무로 진짜 화살을 만들기도 했다. 날개가 머리를 빗는 참빗하고 닮았다 해서 참빗나무라고도 하고, 홑잎나무라고도 한다. 봄에 뾰족이 돋아난 싹을 홑잎나물이라고 한다. 뜯어다가 데쳐서 무쳐 먹는다.

화살나무는 낮은 산기슭이나 들에서 저절로 자란다. 잎과 꽃이 다 진 뒤에도 줄기를 보고 어디서나 쉽게 알아볼 수 있다. 집 뜰에 심기도 한다. 가을에는 단풍이 빨갛게 들고 열매가 겨울까지도 빨갛게 매달려 있어 뜰에 심어 두면 보기가 좋다.

옛날에는 손가락에 가시가 박히면 당장 화살나무를 찾았다. 날개를 태워 재를 만든 다음 밥풀에 이겨서 종이에 바른다. 고약처럼 만들어서 이것을 가시가 박힌 곳에 붙이면 신기하게도 가시가 쏙 빠져나온다고 한다.

화살나무 어린잎은 나물로 무쳐 먹거나 국을 끓여 먹는다. 쓴맛이 있기 때문에 데쳐서 물에 담갔다가 먹는 것이 좋다.

겨울에 잎이 지는 떨기나무다. 어린 가지는 풀색이고, 오래되면 잿빛이 된다. 가지는 네모난데 날개가 붙어 있다. 날개는 오래된 가지에도 있다.

2000년 7월 경기도 국립수목원

회양목

1997년 3월 강원도 원주

잎은 마주나고 달걀 모양이다. 작은 잎은 두껍고 윤기가 난다. 4~5월에 향기 나는 누런 꽃이 핀다. 여름에 열매가 갈색으로 여문다.

회양목과 | 고양나무, 고양목, 회양나무 *Buxus microphylla var. koreana*

회양목은 뜰이나 공원에 많이 심는 나무다. 공원이나 길을 걷다 보면 둥글게 다듬어진 아담한 나무가 줄줄이 심어진 것을 볼 수 있는데 바로 회양목이다. 본디 회양목은 산기슭이나 산골짜기, 석회가 많은 땅에서 저절로 자란다. 요즘은 산보다 도시에서 더 흔하게 볼 수 있다. 가지치기를 해도 꿋꿋하게 잘 자라고 메마른 땅이나 공해에도 강해서 가꾸기 쉽기 때문이다.

회양목은 아주 더디게 자란다. 한 해에 한 치 자란다고도 하고, 4년에 한 번씩 돌아오는 윤년에는 오히려 오그라든다고 할 정도로 느릿느릿 자란다. 하지만 더디 자라는 만큼 나무는 단단하고 촘촘하다. 매끄럽고 윤기가 나서 도장을 파면 아주 좋다. 그래서 '도장나무'라는 별명이 붙었다. 지팡이나 얼레빗을 만들기도 한다. 회양목으로 만든 얼레빗은 잘 부러지지 않고 부드러워서 귀하게 여긴다.

경기도 화성군 용주사에는 천연기념물로 정해진 회양목이 한 그루 있다. 이 나무는 정조 임금이 아버지인 사도세자를 그리며 용주사를 세울 때 함께 심은 나무라고 한다. 200년쯤 되었다고 하는데 줄기 지름이 한 뼘도 채 안 된다고 한다.

겨울에도 잎이 지지 않는 늘푸른떨기나무다.
가지를 많이 친다. 나무껍질은 잿빛이다.

1999년 4월 강원도 원주

회화나무

1999년 10월 강원도 원주

잎은 어긋나게 붙는데 쪽잎 7~15개로 이루어진 겹잎이다. 쪽잎은 타원꼴이다. 뒷면에 털이 나서 희게 보인다. 연노란색 꽃이 여름에 핀다. 가을이면 염주처럼 생긴 꼬투리 열매가 익는다. 열매는 여물어도 저절로 터지지 않는다.

콩과 | 회나무, 회목, 괴목 *Styphnolobium japonicum*

  회화나무는 느티나무나 팽나무처럼 정자나무로 많이 심는 나무다. 요즘은 길가에도 많이 심는다. 다 자란 나무 생김새는 둥글고 온화하다. 예로부터 '선비나무'라고 하고 집에 심으면 큰 선비나 학자가 난다고 믿었다. 문 앞에 심으면 귀신이 넘나들지 못한다고 해서 집 앞이나 마을 어귀에도 많이 심었다. 여름이면 마을 사람들이 회화나무 그늘을 정자 삼아 모여서 더위를 식히곤 했다.

  회화나무는 우리나라 어디서나 잘 자란다. 여름에 노르스름한 작은 꽃이 피는데 냄새가 좋다. 꿀이 많아서 벌이 좋아한다. 회화나무 꽃은 '괴화'라고 한다. 꽃봉오리를 따다가 물에 담그면 진한 노란빛이 우러나는데 그걸로 물을 들인다. 시집가는 새색시의 노란 저고리도 이 꽃으로 곱게 물들였다. 활짝 핀 꽃보다는 채 피지 않은 봉오리가 물이 더 잘 든다.

  인천시 서구 신현동에는 천연기념물로 정해진 회화나무가 있다. 나이는 500살쯤 되고 높이가 22m다. 이 나무에는, 꽃이 위에서부터 피면 풍년이 들고 밑에서부터 피면 흉년이 든다는 이야기가 전해져 내려온다.

2000년 12월 강원도 원주

겨울에 잎이 지는 큰키나무다. 줄기가 곧게 자라고 가지를 넓게 뻗는다. 껍질은 잿빛 밤색이나 검은 밤색을 띤다. 어린 가지에는 짧고 부드러운 털이 촘촘히 덮여 있다.

덧붙이기
줄기와 나무 생김새
잎의 생김새
꽃의 생김새
열매의 생김새
과일나무 심기
과일나무 가꾸기

우리 이름 찾아보기
학명 찾아보기

줄기와 나무 생김새

나무에는 키가 작은 떨기나무와 키가 큰 큰키나무가 있다.

진달래나 싸리나무는 떨기나무다. 아무리 크게 자라도 어른 키만큼만 자란다. 이 나무들은 줄기가 뚜렷하지 않다. 땅 위에서부터 가는 줄기가 많이 올라오기 때문이다. 굵은 가지에서는 다시 잔가지가 다보록하게 많이 퍼져 나온다.

가문비나무나 소나무는 큰키나무다. 굵은 줄기가 높이 솟아오른다. 가문비나무나 소나무 줄기 끝에는 끝눈이 있다. 그래서 해마다 줄기 끝이 높고 길게 자란다. 옆눈에서는 가지 여러 개가 나와서 옆으로 조금만 자란다. 이런 나무들은 멀리서 보면 나무가 고깔처럼 보인다.

느릅나무나 느티나무도 큰키나무다. 키가 30m쯤 자란다. 느릅나무나 느티나무 줄기의 끝눈은 오래 남아 있지 않고 없어진다. 그리고 옆눈에서 수많은 가지가 자란다. 옆가지는 거듭거듭 가지를 친다. 따라서 짧은 줄기 위에 수많은 가지가 얽혀서 버섯 모양으로 된다.

키가 작은 진달래나 키가 큰 느릅나무나 느티나무의 겉모습은 타고난 성질이다. 그러나 환경에 따라서 조금은 바뀔 수도 있다. 가문비나무나 소나무는 드문드문 성기게 서 있으면 원뿔 모양이지만 촘촘히 배게 서 있으면 잎과 가지가 줄기 끝에만 붙는 키다리 나무가 된다. 그리고 물기가 많은 땅에서는 잎과 가지가 촘촘히 붙지만 메마른 땅에서는 성기게 붙는다.

줄기는 뿌리와 잎을 이어 주는 곳이다. 그리고 줄기는 뿌리와 꽃이나 열매도 이어 준다. 뿌리에서 빨아들인 물과 양분은 줄기를 지나서 잎으로 올라가고, 잎에서 만든 당분은 줄기를 지나서 뿌리로 내려간다. 줄기는 이렇게 물과 양분을 포함한 모든 것이 아래위로 움직이는 길이다.

줄기는 어렸을 때는 야들야들하고 연두색을 띤다. 이때는 햇볕을 받으면 잎처럼 광합성을 한다. 얼마 지나지 않아 줄기는 곧 코르크질로 싸이게 된다. 이것을 나무껍질이라고 한다. 나무껍질에는 수많은 점이나 줄이 생긴다. 점이나 줄은 다른 곳보다 연하고 엉성하여 이곳으로 공기가 들어오고 나간다.

줄기에는 반드시 눈이 붙어 있다. 눈은 자라서 가지나 잎이 된다. 줄기에 옆눈이 붙는 자리를 마디라고 한다.

나무 그루터기를 들여다보자. 속에는 하얀 나무질이 있고 겉에는 껍질이 있다. 나무 한가운데는 갈색 점이 있다. 이것을 '속'이라고 한다. 하얀 나무질 속에는 뿌리에서 빨아들인 물과 양분이 지나는 수많은 구멍이 뚫려 있다. 그리고 껍질에는 잎에서 만든 당분이 지나는 구멍이 뚫려 있다. 나무질에서 껍질을 벗기면 쉽게 떨어지고 연한 살이 드러나 보인다. 그것이 부름켜다. 부름켜는 줄기가 굵게 자라게 한다. 부름켜는 봄에 큰 세포를 만들고 여름에 작은 세포를 만들다가 가을에는 만들지 않는다. 이렇게 자라는 주기를 해마다 되풀이하기 때문에 나이테가 생긴다.

줄기 자른 면

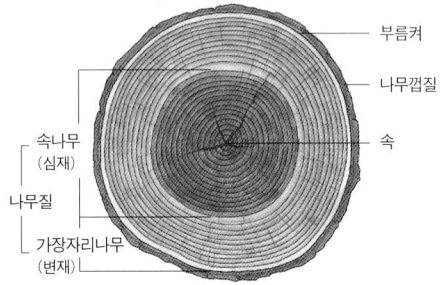

큰키나무와 작은키나무

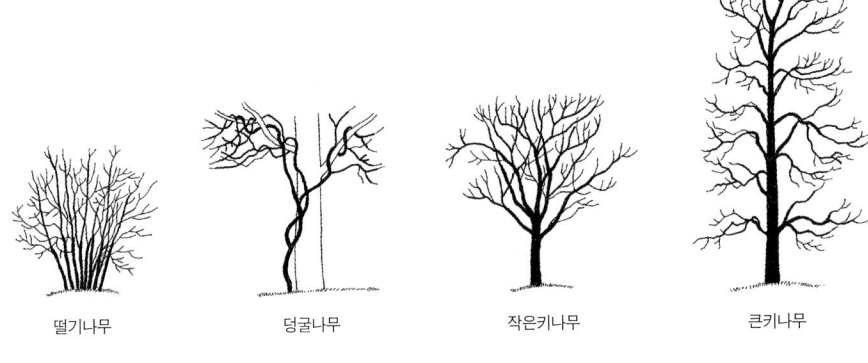

떨기나무　　덩굴나무　　작은키나무　　큰키나무

여러 가지 나무 생김새

박달나무 　　뽕나무 　　층층나무 　　물푸레나무

독일가문비나무 　　가문비나무 　　소나무

잎의 생김새

잎은 줄기나 가지에 달린다. 잎은 햇빛을 받아서 나무에 필요한 당분을 만들어 준다. 잎은 보통 넓고 얇다. 잎에서 가장 넓고 눈에 잘 띄는 부분은 잎몸이다. 잎몸 가운데에는 튼튼한 잎맥이 버티고 있다. 잎맥에서는 얇은 잎살이 뻗어 간다. 줄기나 가지에 곧바로 잎몸이 붙는 잎도 있지만 잎자루를 거쳐서 붙는 잎이 많다. 잎자루 밑의 양쪽에는 작은턱잎이 두 장 붙어 있다.

잎에는 두 가지가 있다. 잎몸과 잎자루와 턱잎을 가지는 갖춘잎과 이들 세 가지 가운데서 어떤 한 가지가 없는 안갖춘잎이다. 벚나무 잎은 갖춘잎이고, 떡갈나무 잎은 안갖춘잎이다.

잎맥에는 두 가지가 있다. 벚나무 잎처럼 그물 모양으로 얽혀 있는 그물맥과 대나무 잎처럼 나란히 뻗어 있는 나란히맥이다.

소나무 잎은 가늘고 길다. 이런 잎을 바늘잎이라고 한다. 바늘잎은 다섯 장이 한데 모여 붙는 잣나무, 세 장이 모여 붙는 리기다소나무, 두 장이 붙는 소나무와 해송, 그리고 한 장씩 붙는 전나무와 주목이 있다.

잎 생김새는 매우 다르다. 은행나무와 밤나무 잎처럼 잎몸이 한 장으로 된 것을 홑잎이라 하고 붉나무 잎처럼 쪽잎 여러 장으로 이루어진 것을 겹잎이라 한다. 홑잎이라도 감나무 잎처럼 가장자리가 밋밋한 것과 단풍나무 잎처럼 갈라져서 손바닥처럼 보이는 것이 있다. 겹잎도 붉나무 잎이나 해당화 잎처럼 깃털 모양으로 갈라진 겹잎이 있고 싸리나무처럼 쪽잎 세 장으로 이루어진 겹잎도 있다. 오갈피나무처럼 쪽잎 다섯 장으로 이루어진 겹잎도 있다. 이러한 잎 모양은 나무를 나누는 기준이 된다.

잎에는 생김새가 많이 변해서 잎이 아닌 것처럼 보이는 것이 있다. 장미의 줄기에 붙는 가시는 잎이 변한 것이다. 아까시나무 줄기에 붙는 가시는 턱잎이 변한 것이다. 담쟁이덩굴 잎은 빨판으로 변해서 벽이나 바위에 찰싹 붙는다. 머루는 잎이 덩굴손으로 변하여 다른 물체를 감는다.

국수나무 잎의 생김새

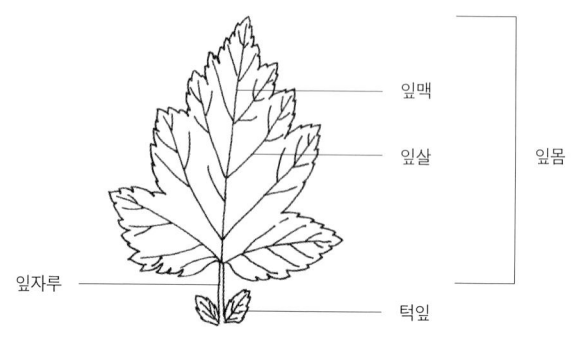

여러 가지 잎차례

모여나는 철쭉 잎

어긋나게 붙는 대추나무 잎

마주나는 쥐똥나무 잎

여러 가지 잎의 생김새

솜대 잎 / 느티나무 잎 / 난티잎개암나무 잎 / 신갈나무 잎

은행잎 / 단풍잎 / 산딸기나무 잎 / 버들잎 / 솔잎

플라타너스 잎 / 박태기나무 잎

여러 가지 겹잎

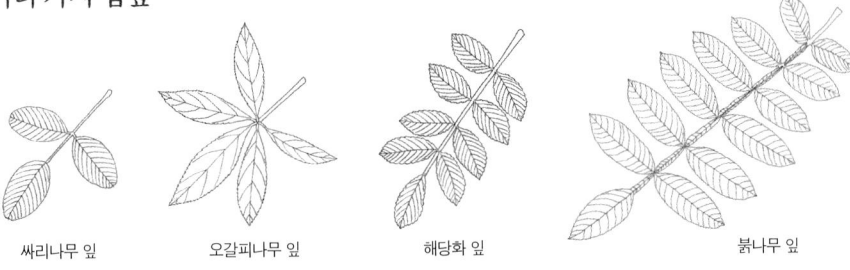

싸리나무 잎 / 오갈피나무 잎 / 해당화 잎 / 붉나무 잎

꽃의 생김새

꽃은 꽃자루 위에 받쳐져 있다. 많은 꽃이 모여 붙을 때는 꽃 하나하나가 작은 꽃자루에 받쳐진다. 어느 꽃이든 자세히 보면 네 개의 동그라미 위에 밑에서부터 꽃받침, 꽃관, 수술, 그리고 암술이 차례로 붙어 있다. 이들이 꽃턱 위에 올려져 있다.

꽃받침은 보통 푸른색을 띤다. 진달래꽃의 꽃받침은 통 모양으로 붙지만 벚꽃은 꽃받침 조각으로 나누어져 있다.

꽃관은 우리가 꽃잎이라고 하는 곳이다. 진달래꽃처럼 꽃관이 통꽃으로 붙은 나무와 벚꽃처럼 여러 장으로 갈라진 나무가 있다. 그리고 꽃잎 안쪽 깊은 곳에는 꿀샘이 있다. 수술은 보통 기다란 꽃실 끝에 꽃밥을 달고 있다. 꽃밥은 두 개의 꽃가루주머니로 이루어져 있다. 꽃가루주머니 속에는 꽃가루가 잔뜩 들어 있다. 진달래꽃의 꽃밥을 자세히 보면 끝에 구멍이 뚫려 있다. 그 구멍에 연필 끝을 댔다가 떼면 실에 달린 꽃가루가 염주처럼 연필 끝에 붙어서 따라 나온다. 연필 대신 곤충의 다리가 꽃밥에 닿았다면 꽃가루는 어떻게 되겠는가.

꽃 한가운데에는 암술이 있다. 암술은 암술머리와 암술대와 씨방으로 이루어져 있다. 암술 맨 꼭대기에 있는 암술머리에는 끈적끈적한 진이 묻어 있거나 우툴두툴한 돌기가 솟아 있어서 꽃가루가 붙기 쉽도록 되어 있다. 암술대가 기다란 꽃도 있지만 짧아서 보이지 않는 꽃도 있다. 암술의 맨 밑에 있는 씨방은 보통 작은 단지 모양이다. 그 속에는 장차 씨가 될 밑씨가 들어 있다.

한 꽃에 꽃받침과 꽃잎, 수술, 암술, 네 가지 모두를 갖춘 꽃을 갖춘꽃이라고 한다. 이 가운데서 어느 한 가지라도 없는 꽃을 안갖춘꽃이라고 한다. 동백꽃과 무궁화꽃은 갖춘꽃이고 상수리나무 꽃과 소나무 꽃은 안갖춘꽃이다. 꽃받침과 꽃잎이 없더라도 암술과 수술을 가지고 있으면 양성화라 하고, 암술이나 수술 중에서 한 가지만 있으면 단성화라고 한다. 벚꽃과 매화는 양성화이고 감꽃과 밤꽃은 단성화이다.

꽃잎에는 보통 붉은색과 자주색 물감이 들어 있다. 이런 물감을 안토시안이라고 한다. 또 주황색과 노란색 꽃잎에는 카로틴이라는 색소가 들어 있다. 그런데 흰 꽃은 꽃잎에 색소가 없다.

복사꽃의 생김새

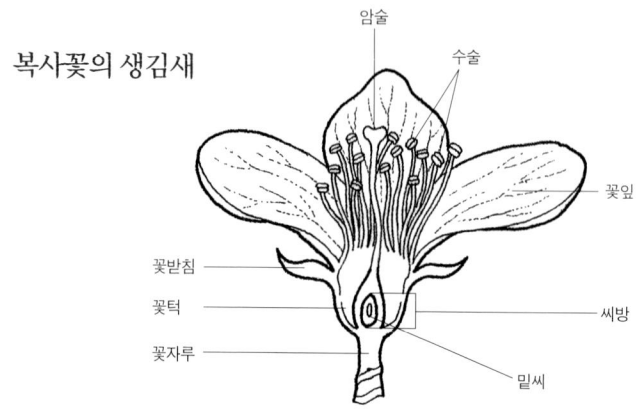

여러 가지 꽃의 생김새

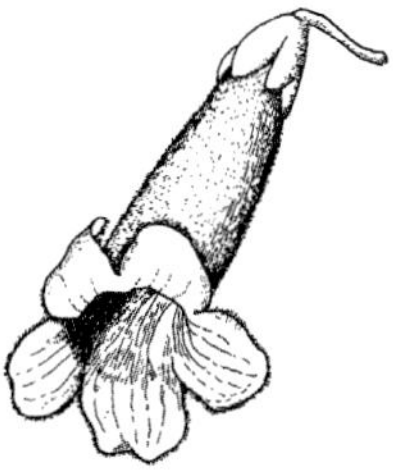

오동나무 꽃  오리나무 꽃  쪽동백나무 꽃  인동 꽃

산딸기나무 꽃  구기자나무 꽃  진달래꽃  벚꽃

아까시 꽃 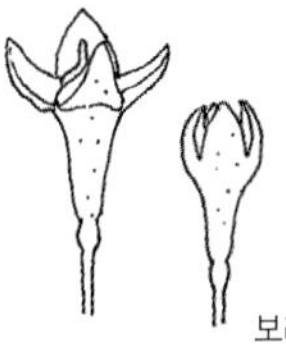 보리수나무 꽃 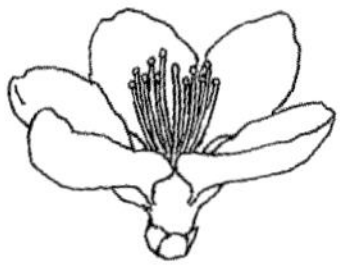 복사꽃

여러 가지 꽃차례

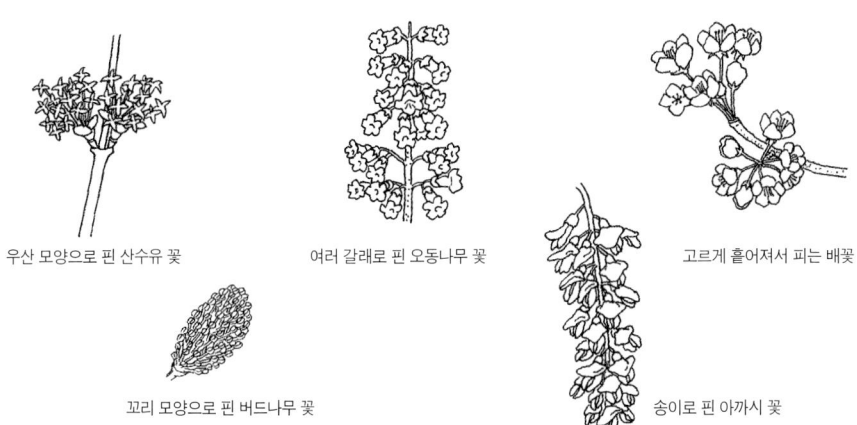

우산 모양으로 핀 산수유 꽃   여러 갈래로 핀 오동나무 꽃   고르게 흩어져서 피는 배꽃

꼬리 모양으로 핀 버드나무 꽃   송이로 핀 아까시 꽃

열매의 생김새

수술의 꽃가루가 암술머리에 닿으면 가루받이가 이루어진다. 가루받이가 이루어진 감꽃은 꽃받침이 살아 있는 채 씨방 벽이 무럭무럭 자란다. 우리가 먹는 감의 살은 씨방 벽이 자란 것이다. 그리고 씨방 속에 얌전하게 들어 있던 밑씨는 감씨가 된다.

그런데 매실나무와 복숭아나무의 열매는 가루받이가 이루어지면 꽃받침과 꽃잎, 수술이 모두 시든다. 오직 씨방만이 자란다. 씨방 벽은 자라서 세 가지 과피로 발달한다. 곧 얇고 질긴 외과피, 수분과 살이 많고 맛있는 중과피, 그리고 단단한 내과피로 나누어진다. 내과피 속에 씨가 들어 있다.

사과나무와 배나무 열매는 꽃턱이 자라면서 씨방을 에워싸서 과일이 된다. 꽃받침이 씨방 위로 밀려 올라가기 때문에 과일이 익은 뒤에 꽃받침이 열매 위에 남아 있다. 열매 밑에 꽃받침이 남아 있는 감과 비교가 된다. 감처럼 씨방이 자라서 과일이 된 것을 참열매라 하고, 씨방이 아닌 곳이 자라서 과일이 된 사과나 배를 헛열매라고 한다. 무화과나 산딸기나 오디도 헛열매다.

소나무 열매인 솔방울은 다른 나무 열매와 많이 다르게 생겼다. 소나무 암꽃은 기둥 한 개에 수많은 암술이 모여 붙는다. 가루받이가 끝난 뒤 암술이 발달하여 비늘잎으로 바뀐다. 이 비늘잎은 단단한 나무질이다. 솔방울은 비늘잎의 겨드랑이에 씨가 두 개씩 들어 있다. 씨에는 날개가 붙는다. 솔방울이 익으면 비늘잎이 벌어지고 씨가 밖으로 나와서 바람에 날린다.

참나무 열매인 도토리도 재미있게 생겼다. 참나무의 암술은 수많은 포엽으로 싸여 있다. 가루받이가 이루어지면 포엽이 발달한다. 포엽은 모자 모양의 종지가 되어 속에 들어 있는 도토리를 감싼다. 밤송이는 포엽이 가시로 변한 것이다.

나무 열매가 생기는 차례

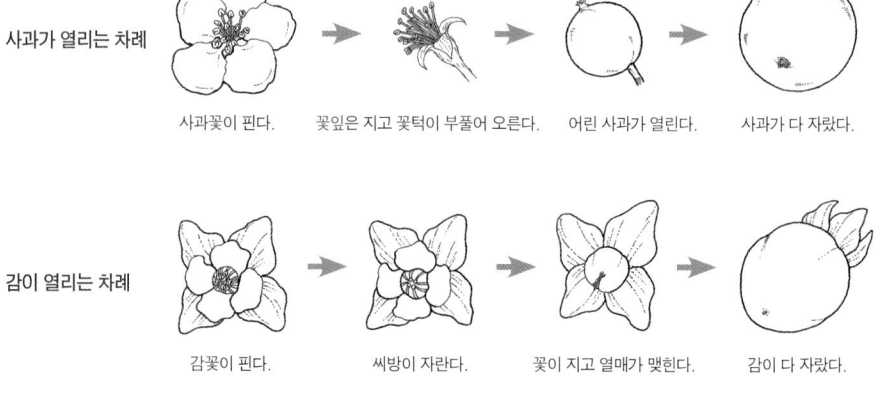

사과가 열리는 차례
사과꽃이 핀다. / 꽃잎은 지고 꽃턱이 부풀어 오른다. / 어린 사과가 열린다. / 사과가 다 자랐다.

감이 열리는 차례
감꽃이 핀다. / 씨방이 자란다. / 꽃이 지고 열매가 맺힌다. / 감이 다 자랐다.

여러 가지 나무 열매

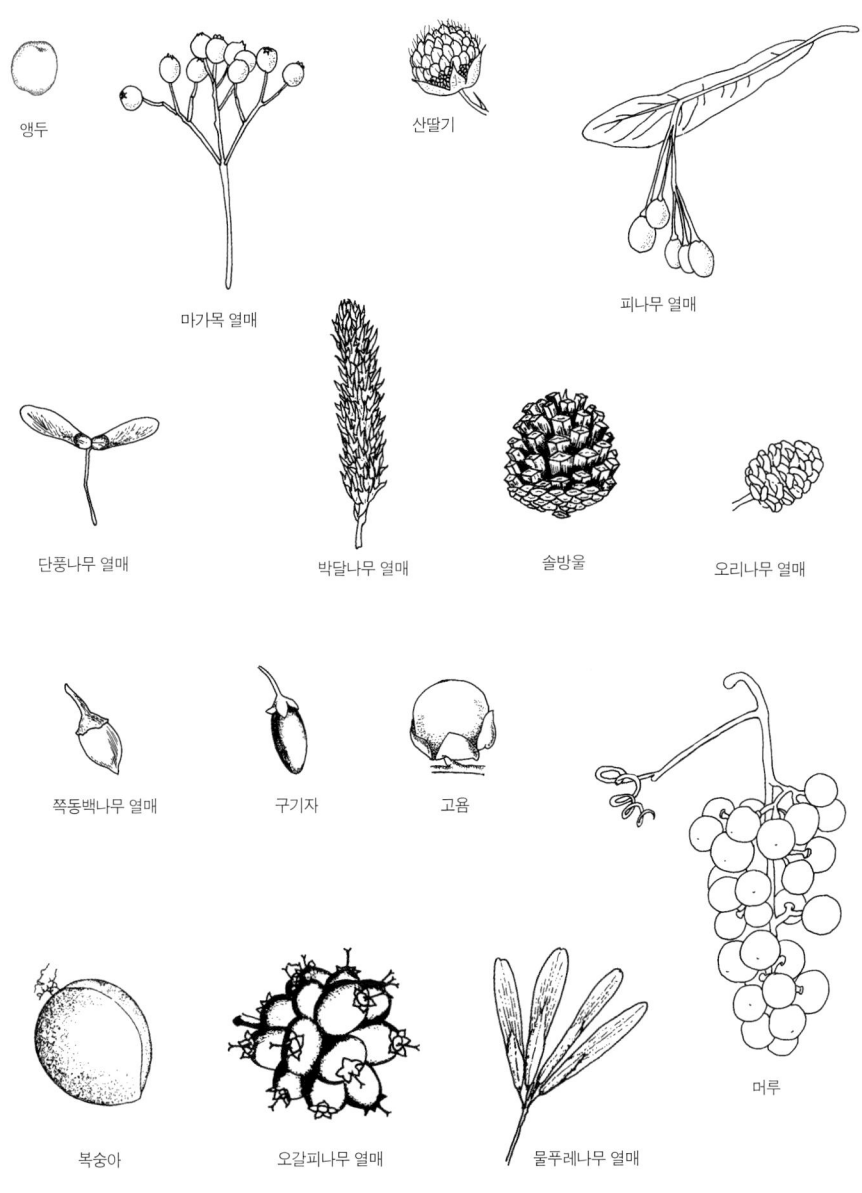

열매의 생김새

과일나무 심기

옮겨심기

이른 봄이 되면 나무를 심는다. 춘분 전에 심는 것이 좋다고 한다. 씨를 땅에 묻어서 올라온 지 2년 남짓 되면 옮길 수 있다. 나무뿌리를 잘 펴놓고 흙을 땅 거죽과 같은 높이로 퍼 넣고 단단히 다진다. 한 번 이렇게 심은 뒤에는 건드리지 말고 다시 안 볼 것 같이 내버려 둔다.

나무를 옮겨 심을 때는 미리 넓고 깊게 구덩이를 판다. 나무를 뜰 때는 뿌리에 흙을 많이 붙이고 남쪽 가지를 표시한 뒤에 뜬다. 미리 파 둔 구덩이에 섰던 방향 그대로 들여 세우고 뿌리를 잘 펴놓는다. 맑은 거름물에 흙을 묽게 개어 뿌리 위에 주고는 나무를 흔들어 그 진흙이 뿌리 사이로 잘 들어가게 한다. 옮길 때 조심할 것은 묻혔던 자리보다 더 깊이 묻지 않는 것이다. 또 네 귀에 든든한 받침대를 세우고 새끼로 붙들어 매어 큰 바람이 불어도 흔들리지 않도록 해 준다.

씨 심기

나무 씨앗은 여름이나 가을에 받아 놓는다. 씨앗을 물로 깨끗이 씻어서 젖은 모래와 섞어서 화분이나 시루에 넣어 둔다. 화분이나 시루는 밑이 새지 않도록 막아 놓아야 한다. 이렇게 심은 씨앗은 서늘한 곳에 놓아 둔다. 이때 씨가 바짝 마르면 봄에 싹이 안 트므로 조심해야 한다.

따뜻한 날을 골라서 씨뿌리기를 한다. 앵두나무나 대추나무 씨는 흩어 뿌려도 좋다. 하지만 밤은 고랑 위에 뉘어 놓아야 한다. 뿌리가 나올 때 밤톨의 위쪽에서 나오기 때문이다. 그리고 대추씨는 성기게 뿌려야 한다. 대추씨 한 개 속에는 두 개의 싹이 붙어 있어 새싹이 나오기 때문이다.

접붙이기

접붙이기는 한 나무에 다른 나무의 가지나 눈을 따다 붙여서 새 나무로 키우는 것이다. 이때 뿌리가 될 나무는 '접그루'라 하고 접그루 위에 붙이는 가지나 눈은 '접가지'라 한다. 접그루에는 다른 나무를 접붙이기도 하고 같은 나무를 접붙이기도 한다. 예를 들면 사과나무 접그루로는 아그배나무나 콩배나무를 쓰지만 매실나무 접그루로는 매실나무를 쓴다.

접가지는 과일이 크고 맛이 좋으며 병에 걸리지 않는 나무의 가지를 골라서 쓴다. 접가지는 늦가을이나 이른 봄에 베어서 축축하고 서늘한 곳에 보관한다.

꺾꽂이

이른 봄에 좋은 과일나무에서 어리고 좋은 가지를 고른다. 이것을 30cm쯤 되도록 잘라서 심는다. 무나 순무에 꽂아 심기도 하고 밑을 불로 지져서 심기도 한다. 심은 뒤 3~4일 지나면 물을 준다. 심은 지 2년이 넘으면 옮겨 심을 수 있다.

과일나무 접붙이기

접그루 준비

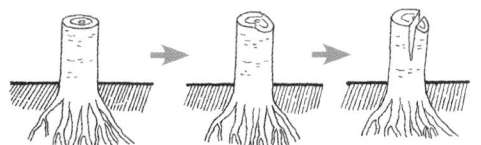

접그루 줄기를 싹둑 자른다.

접그루 줄기를 비스듬히 베어 낸다.

자른 자리 한쪽에 칼을 세우고 부름켜에 따라서 3cm 길이로 깎아 내린다.

접가지 준비

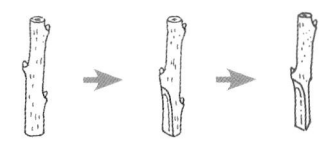

접가지는 접그루보다 가는 것이 좋다. 눈이 붙은 접가지를 5~6cm 길이로 끊는다.

칼로 밑을 비스듬히 한칼에 깎아 내린다.

다시 반대쪽을 비스듬히 깎아 내린다. 이때 양면에 부름켜가 드러나야 한다.

접붙이기

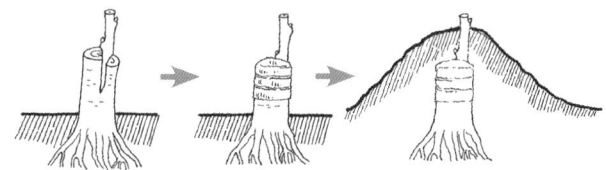

접그루의 깎아 내린 자리에 접가지를 끼워 넣는다.

접그루와 접가지의 부름켜를 잘 맞추고 움직이지 않도록 끈으로 칭칭 감아 준다.

접붙이기가 끝났다. 접붙인 자리가 마르지 않도록 흙을 1~2cm 길이로 덮어 준다.

꺾꽂이와 휘묻이

포도나무 꺾꽂이

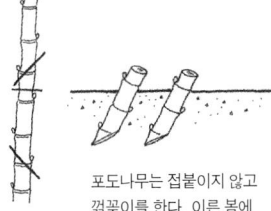

포도나무는 접붙이지 않고 꺾꽂이를 한다. 이른 봄에 포도 덩굴에서 잘 자란 가지를 길이가 30cm쯤 되도록 잘라서 깊이가 20cm 남짓 되도록 묻는다.

뽕나무 휘묻이

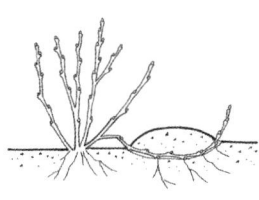

2월에 뽕나무 가지를 휘어 땅에 붙이고 마른 흙으로 묻어 두면 뿌리가 쉽게 나온다. 이것을 이듬해 정월에 잘라 심는다.

과일나무 가꾸기

거름주기

과일나무는 거름을 많이 주고 김을 제때 여러 번 매 주어야 한다. 그중에서도 사과나무는 다른 과일나무보다 거름을 많이 먹고 생명력이 약한 편이다. 그래서 늘 손질하고 정성 들여 가꾸어야 한다.

밑거름은 봄, 가을에 과일나무에서 두세 발자국 떨어진 곳에 홈을 깊이 파고 준다. 밑거름으로는 두엄이나 풀거름 같은 것을 듬뿍 준다.

포도나무는 물을 많이 먹는다. 꽃이 피기 전과 꽃이 진 뒤에는 물을 많이 주어야 한다. 고랑을 깊이 파고 물을 넣어 주거나 물을 퍼다가 부어 주면 된다.

가지치기

나무가 어느 정도 자라면 가지를 많이 뻗치고 수많은 잎이 달린다. 밑가지의 잎들은 윗가지의 잎에 가려진다. 그늘에 묻힌 잎들은 햇빛을 못 봐서 병에 걸리거나 열매가 작아진다. 이 때문에 가지치기를 한다. 마당 구석이나 뒤뜰에 한두 그루 심어 기르는 것은 이른 봄에 죽은 가지나 배게 붙은 가지를 낫으로 솎아 준다. 밭에 심어 기르는 것은 나무 모양을 만들어 가면서 꼼꼼히 가지를 친다.

사과나무와 배나무는 너무 높게 자라면 열매를 따기가 어렵다. 그래서 나무가 낮아지도록 가지치기를 한다. 배나무는 그대로 두면 가지가 너무 가늘게 자라서 열매가 바람에 흔들린다. 그래서 가지치기를 하고 가지가 흔들리지 않도록 버팀대나 시렁에 묶고 햇빛을 많이 받도록 한다. 포도나무는 덩굴식물이다. 가지치기를 하여 필요한 가지만 시렁에 올리거나 울타리에 묶어 준다.

복숭아나무는 수명이 짧다. 10년이 지나 나무가 늙어서 열매가 잘 안 달리고 알도 작아지면 그루를 톱으로 바싹 잘라 버린다. 그러면 그루에서 새 가지가 돋아나서 젊은 나무로 자란다. 대추나무는 수명도 길고 기르기도 쉽다.

열매 솎기

사과나무나 배나무, 복숭아나무는 열매가 달리면 솎아 준다. 꽃이 피었다가 진 뒤에 한 달쯤 지나서 하는 것이 좋다. 병든 것, 흠집이 있는 것, 찌그러진 것, 가지 끝에 달린 것을 따 준다. 너무 배게 달린 것도 따 준다.

열매를 솎아주기에 앞서 꽃을 솎아주기도 한다. 한창 꽃이 필 때 너무 꽃이 배고 성근 것을 보아서 한두 번쯤 따 준다. 큰 과일을 따려면 많이 솎아 낸다. 대추나무는 꽃이 피면 작대기로 나무를 두드려서 못쓸 꽃을 떨군다. 그리고 단오날에 도끼날로 나무껍질을 툭툭 찍어서 자리를 내준다. 그러면 대추 살도 두터워지고 맛도 좋아진다.

열매가 어느 정도 자라면 종이 봉지로 싸

준다. 싸 주면 병충해를 적게 입는다. 또 익었을 때 빛깔이 고우며 비에 젖어도 살이 터지지 않고 새가 덜 쪼아 먹는다. 과일이 익어서 딸 때는 두 손으로 나무가 상하지 않도록 조심해서 따야 한다. 한 나무에서도 익는 때가 다르기 때문에 익은 것만 골라 따야 한다.

겨울나기

추위에 약한 나무는 가을에 볏짚으로 몸을 싸고 새끼를 촘촘히 감은 뒤에 흙을 발라 준다. 왕겨로 나무 밑을 북돋워 주기도 한다. 포도나무는 추위를 잘 타고 얼어 죽기 쉬우므로 겨울을 잘 나야 한다. 서리가 오기 전에 덩굴을 걷어서 서리서리 감은 뒤에 구덩이를 깊이 파고 모두 묻는다. 포도나무 원줄기 옆으로 길게 홈을 판 뒤에 덩굴을 눕혀 놓고 흙으로 묻기도 한다. 이렇게 하면 이듬해 마른 가지도 없어지고 벌레도 덜 낀다. 이렇게 두었다가 이른 봄 눈 트기 전에 겨울 동안 묻어 두었던 구덩이에서 파내어 덕대 위에 올려 놓는다.

한창 꽃이 필 때 과일나무가 서리를 만나면 열매를 못 맺는다. 마른풀을 나무 밑에 여기 저기 쌓은 다음 불을 놓아 뭉게뭉게 연기를 내 준다. 그러면 서리를 막아 꽃이 스러지지 않는다.

과일 따기

과일을 딸 때 가장 중요한 것은 나무와 과일이 상하지 않도록 따야 한다는 것이다. 그리고 한 나무에서 과일이 다 익기를 기다리지 말고 익는 대로 그때그때 따야 한다. 키가 작은 사과나무나 배나무는 선 자리에서 한 손으로는 가지를 잡고 다른 한 손으로는 열매를 움켜쥐고 비틀어서 딴다. 나무 가위로 자르기도 한다. 키가 큰 나무는 사다리를 걸쳐 놓고 두 손으로 딴다. 손이 닿지 않는 것은 긴 장대 끝에 갈고리를 매어 열매꼭지에다 걸어서 당기거나 비틀어서 딴다. 이때 과일이 떨어져도 깨지거나 터지지 않도록 나무 밑에 멍석을 깔아 놓는다. 살구, 자두, 감, 대추는 장대를 써서 많이 딴다.

과일나무 가지치기

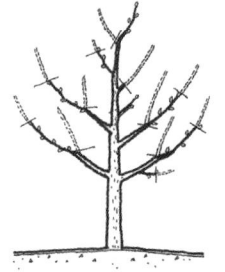

정월에 어지러운 잔가지들을 잘라 주면 열매가 살찌고 나무 힘이 좋아진다.

과일나무 시집보내기

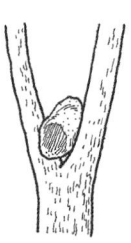

정월 초에 줄기가 갈라진 곳에 돌을 끼우는 곳을 '시집보낸다'고 한다. 이렇게 하면 열매가 크고 많아진다.

우리 이름 찾아보기

가

가둑나무 ▶ 참나무 206
가랑잎나무, 가래기나무
　▶ 떡갈나무 96
가래나무 42
가래추나무 ▶ 가래나무 42
가문비나무 44
가시나무 ▶ 아까시나무 166
　　　　　찔레나무 202
가시덕이 ▶ 명자나무 104
갈잎나무 ▶ 떡갈나무 96
갈참나무 46
감귤나무 ▶ 귤나무 70
감나무 48
감비나무 ▶ 가문비나무 44
개나리 50
개나리꽃나무 ▶ 개나리 50
개동백나무 ▶ 생강나무 156
　　　　　쪽동백나무 200
개두릅나무 ▶ 엄나무 170
개암나무 52
검정알나무 ▶ 쥐똥나무 198
겨우사리 ▶ 겨우살이 54
겨우살이 54
경목 ▶ 주목 196
고로쇠나무 56
고리버들(키버들) 58
고양나무 ▶ 회양목 234
고옴나무 ▶ 고욤나무 60
고욤나무 60
곰솔 ▶ 해송 226
괴목 ▶ 느티나무 78
　　　회화나무 236
괴좆나무 ▶ 구기자나무 62
구귤 ▶ 탱자나무 216
구기자나무 62
구도토리나무 ▶ 굴참나무 68
구상나무 64

구슬꽃나무 ▶ 박태기나무 124
국수나무 66
굴나무 ▶ 붉나무 138
굴밤나무 ▶ 졸참나무 194
　　　　　참나무 206
굴참나무 68
귤나무 70
기생목 ▶ 겨우살이 54
깨금 ▶ 개암나무 52
꺼그렁나무 ▶ 층층나무 212

나

낙엽송(일본잎갈나무) 72
난티잎개암나무 ▶ 개암나무 52
넉죽나무 ▶ 쪽동백나무 200
노가리낭 ▶ 주목 196
노가지나무, 노가지향나무
　▶ 노간주나무 74
노간주나무 74
노르웨이가문비
　▶ 독일가문비나무 88
노송나무 ▶ 향나무 228
느릅나무 76
느티나무 78

다

닥나무 80
단풍나무 82
단향매 ▶ 생강나무 156
달주나무 ▶ 팽나무 218
달피나무 ▶ 피나무 222
당단풍나무 ▶ 단풍나무 82
대나무 84
대추나무 86
도토리나무 ▶ 상수리나무 154
　　　　　　참나무 206
독일가문비나무 88
돌배나무 90

돌참나무 ▶ 신갈나무 160
동백나무 92
동백나무 ▶ 생강나무 156
동청 ▶ 겨우살이 54
동청목 ▶ 사철나무 146
두란 ▶ 목련 108
두릅나무 94
들장미 ▶ 찔레나무 202
딱나무 ▶ 닥나무 80
떡갈나무 96
뚜르게나물 ▶ 붉나무 138

라

리기다소나무 98

마

마가목 100
말채나무 ▶ 층층나무 212
매실나무(매화나무) 102
매태나무 ▶ 팽나무 218
매화나무 ▶ 매실나무 102
맹종죽 ▶ 대나무 84
명자나무 104
모개나무 ▶ 모과나무 106
모과나무 106
목근 ▶ 무궁화나무 110
목두채 ▶ 두릅나무 94
목란 ▶ 목련 98
　　　함박꽃나무 224
목련 108
목연, 목필 ▶ 목련 108
무강나무 ▶ 무궁화나무 110
무궁화나무 110
무등 ▶ 산수유나무 148
무우게 ▶ 무궁화나무 110
무화과나무 112
문두채 ▶ 두릅나무 94
물가리나무 ▶ 신갈나무 162

물갈참나무 ▶ 굴참나무 68
물고추나무 ▶ 구기자나무 62
물깨금나무 ▶ 층층나무 212
물박달나무 114
물오리나무 116
물푸레나무 118
미루나무 120
미류나무 ▶ 미루나무 120
미송 ▶ 리기다소나무 98
밀감나무 ▶ 귤나무 70

바

박달나무 122
박태기나무 124
밤나무 126
방울나무 ▶ 플라타너스 220
배나무 128
백랍나무 ▶ 쥐똥나무 198
백상 ▶ 뽕나무 142
버드나무 130
버들, 버들나무, 버들낭기
 ▶ 버드나무 130
버즘나무 ▶ 플라타너스 220
벗나무 ▶ 벚나무 132
벚나무 132
보리똥나무 ▶ 보리수나무 134
보리수나무 134
보리화주나무
 ▶ 보리수나무 134
보티나무 ▶ 자작나무 186
복사나무 ▶ 복숭아나무 136
복숭아나무(복사나무) 136
볼네나무 ▶ 보리수나무 134
봇나무 ▶ 자작나무 186
부엽나무 ▶ 굴참나무 68
분디나무 ▶ 산초나무 150
분지나무 ▶ 산초나무 150
불나무 ▶ 붉나무 138

붉나무 138
비자나무 140
뽀루새 ▶ 보리수나무 134
뽕나무 142
뿔나무 ▶ 붉나무 138
삐울채 ▶ 싸리나무 164

사

사과나무 144
사스레나무 ▶ 물박달나무 114
사철나무 146
산다 ▶ 동백나무 92
산당화 ▶ 명자나무 104
산동백나무 ▶ 생강나무 156
산목란 ▶ 함박꽃나무 224
산목련 ▶ 함박꽃나무 224
산배나무 ▶ 돌배나무 90
산수유나무 148
산아주까리나무
 ▶ 쪽동백나무 200
산오리나무 ▶ 물오리나무 116
산채황 ▶ 산수유나무 148
산초나무 150
산추나무 ▶ 가래나무 42
 ▶ 산초나무 150
산추자나무 ▶ 가래나무 42
살구나무 152
삼송 ▶ 가문비나무 44
 ▶ 전나무 190
삼엽송 ▶ 리기다소나무 98
상나무, 상낭구 ▶ 향나무 228
상수리나무 154
상초, 상추나무 ▶ 산초나무 150
생강나무 156
석류나무 158
석조 ▶ 산수유나무 148
선장 ▶ 구기자나무 62
세잎소나무

 ▶ 리기다소나무 98
소나무 160
소단목 ▶ 물박달나무 114
소리나무 ▶ 졸참나무 194
소방목 ▶ 박태기나무 124
속소리나무 ▶ 졸참나무 194
솔, 솔나무 ▶ 소나무 160
솜대 ▶ 대나무 84
순화 ▶ 무궁화나무 110
신갈나무 162
신리화 ▶ 개나리 50
신이 ▶ 목련 108
싸리, 싸리깨이 ▶ 싸리나무 164
싸리나무 164
싸리낭구 ▶ 싸리나무 164

아

아가시나무 ▶ 아까시나무 166
아가씨꽃나무 ▶ 명자나무 104
아까시나무(아카시아) 166
아위나무 ▶ 생강나무 156
아카시아 ▶ 아까시나무 166
암솔 ▶ 소나무 160
앵도나무 ▶ 앵두나무 168
앵두나무(앵도나무) 168
야유 ▶ 느릅나무 76
약조 ▶ 산수유나무 148
어라리나무 ▶ 개나리 50
어리자나무 ▶ 개나리 50
엄나무(음나무) 170
염부목 ▶ 붉나무 138
오갈피나무 172
오동나무 174
오디나무 ▶ 뽕나무 142
오리나무 176
오리장나무 ▶ 보리수나무 134
오배자나무 ▶ 붉나무 138
오얏나무 ▶ 자두나무 184

오엽송 ▶ 잣나무 188
오지나물 ▶ 옻나무 178
옻나무 178
왕느릅나무 ▶ 느릅나무 76
왕대 ▶ 대나무 84
왕벚나무 ▶ 벚나무 132
요두채 ▶ 두릅나무 94
유자나무 180
육송 ▶ 소나무 160
은행나무 182
음나무 ▶ 엄나무 170

자
자동 ▶ 엄나무 170
자두나무 184
자작나무 186
잣나무 188
재갈나무 ▶ 갈참나무 46
재라리나무 ▶ 신갈나무 162
재량나무, 재잘나무
 ▶ 졸참나무 194
재리알 ▶ 졸참나무 194
저목 ▶ 닥나무 80
저수리 ▶ 전나무 190
저실 ▶ 닥나무 80
적목, 적벽 ▶ 주목 196
적송 ▶ 소나무 160
전나무 190
젓나무 ▶ 전나무 190
정나무 ▶ 쪽동백나무 200
정목 ▶ 주목 196
정자나무 ▶ 느티나무 78
제주백회 ▶ 구상나무 64
조릿대 ▶ 대나무 84
조밥나무 ▶ 조팝나무 192
조팝나무 192
졸참나무 194
주목 196

쥐똥나무 198
줏나무 ▶ 전나무 190
지귤 ▶ 탱자나무 216
진귤나무 ▶ 귤나무 70
질꾸나무, 질누나무
 ▶ 찔레나무 202
째작나무 ▶ 물박달나무 114
쪽나무 ▶ 쪽동백나무 200
쪽동백나무 200
쭉나무 ▶ 참죽나무 208
찔레나무 202
찔루나무 ▶ 찔레나무 202

차
차나무 204
참나무 206
참나무 ▶ 상수리나무 154
참단풍나무 ▶ 단풍나무 82
참두릅나무 ▶ 두릅나무 94
참빗나무, 참빗살나무
 ▶ 화살나무 232
참싸리 ▶ 싸리나무 164
참오동나무 ▶ 오동나무 174
참죽나무 208
참중나무 ▶ 참죽나무 208
참풀나무 ▶ 떡갈나무 96
창성이깔나무 ▶ 낙엽송 72
챗가지 ▶ 싸리나무 164
초평조팝나무 ▶ 조팝나무 192
총목 ▶ 두릅나무 94
추리나무 ▶ 자두나무 184
측백나무 210
층층나무 212
치자나무 214
칠목, 칠순채 ▶ 옻나무 178
침도로나무 ▶ 졸참나무 194

카
큰잎느릅나무 ▶ 느릅나무 76
키버들 ▶ 고리버들 58

타
탱자나무 216
털광나무 ▶ 쥐똥나무 198
토송 ▶ 노간주나무 74
튀밥꽃 ▶ 조팝나무 192

파
팽나무 218
폭나무 ▶ 팽나무 218
플라타너스 220
피나무 222
피목 ▶ 피나무 222

하
함박꽃나무 224
해송(곰솔) 226
향나무 228
향낭그 ▶ 향나무 228
호두나무 230
홍조피 ▶ 산수유나무 148
홑잎나무 ▶ 화살나무 232
화살나무 232
화소방 ▶ 박태기나무 124
회나무, 회목 ▶ 회화나무 236
회양목 234
회화나무 236
횟잎나무 ▶ 화살나무 232
흑송 ▶ 해송 226
흠화 ▶ 물박달나무 114

학명 찾아보기

A
Abies holophylla 전나무 190
Abies koreana 구상나무 64
Acer mono 고로쇠나무 56
Acer pseudosieboldianum 당단풍나무 82
Alnus hirsuta 물오리나무 116
Alnus japonica 오리나무 176
Aralia elata 두릅나무 94

B
Betula platyphylla var. *japonica* 자작나무 186
Betula davurica 물박달나무 114
Betula schmidtii 박달나무 122
Broussonetia kazinoki 닥나무 80
Buxus microphylla var. *koreana* 회양목 234

C
Camellia japonica 동백나무 92
Camellia sinensis 차나무 204
Castanea crenata 밤나무 126
Cedrela sinensis 참죽나무 208
Celtis sinensis 팽나무 218
Cercis chinensis 박태기나무 124
Chaenomeles sinensis 모과나무 106
Chaenomeles speciosa 명자나무 104
Citrus junos 유자나무 180
Citrus sunki 진귤나무 70
Cornus controversa 층층나무 212
Cornus officinalis 산수유나무 148
Corylus heterophylla 난티잎개암나무 52

D
Diospyros kaki 감나무 48
Diospyros lotus 고욤나무 60

E
Elaeagnus umbellata 보리수나무 134
Eleutherococcus sessiliflorus 오갈피나무 172
Euonymus alatus 화살나무 232
Euonymus japonicus 사철나무 146

F
Ficus carica 무화과나무 112
Forsythia koreana 개나리 50
Fraxinus rhynchophylla 물푸레나무 118

G
Gardenia jasminoides 치자나무 214
Ginkgo biloba 은행나무 182

H
Hibiscus syriacus 무궁화나무 110

J
Juglans mandshurica 가래나무 42
Juglans regia 호두나무 230
Juniperus chinensis 향나무 228
Juniperus rigida 노간주나무 74

K
Kalopanax septemlobus 엄나무(음나무) 170

L
Larix kaempferi 낙엽송(일본잎갈나무) 72
Lespedeza cyrtobotrya 참싸리 164
Ligustrum obtusifolium 쥐똥나무 198
Lindera obtusiloba 생강나무 156
Lycium chinense 구기자나무 62

M
Magnolia denudata 백목련 108
Magnolia sieboldii 함박꽃나무 224
Malus pumila 사과나무 144
Morus alba 뽕나무 142

P
Paulownia tomentosa 참오동나무 174
Phyllostachys 대나무 84
Phyllostachys bambusoides 왕대 84
Phyllostachys nigra var. *henonis* 솜대(분죽) 84
Phyllostachys pubescens 맹종죽(죽순대) 84
Picea abies 독일가문비나무 88
Picea jezoensis 가문비나무 44
Pinus densiflora 소나무 160
Pinus koraiensis 잣나무 188
Pinus rigida 리기다소나무 98
Pinus thunbergii 해송(곰솔) 226
Platanus occidentalis 플라타너스 220
Poncirus trifoliata 탱자나무 216
Populus deltoides 미루나무 120
Prunus armeniaca var. *ansu* 살구나무 152
Prunus mume 매실나무(매화나무) 102
Prunus persica 복숭아나무 136
Prunus salicina 자두나무 184
Prunus yedoensis 왕벚나무 132
Prunus tomentosa 앵두나무 168

Punica granatum 석류나무 158
Pyrus pyrifolia 돌배나무 90
Pyrus pyrifolia var. culta 배나무 128

Q
Quercus 참나무 206
Quercus acutissima 상수리나무 154
Quercus aliena 갈참나무 46
Quercus dentata 떡갈나무 96
Quercus mongolica 신갈나무 162
Quercus serrata 졸참나무 194
Quercus variabilis 굴참나무 68

R
Rhus javanica 붉나무 138
Rhus verniciflua 옻나무 178
Robinia pseudoacacia 아까시나무(아카시아) 166
Rosa multiflora 찔레나무 202

S
Salix hallaisanensis 떡버들 130
Salix koriyanagi 고리버들(키버들) 58
Sasa borealis 조릿대 84
Sorbus commixta 마가목 100
Spiraea pubescens f. leiocarpa 초평조팝나무 192
Stephanandra incisa 국수나무 66
Styphnolobium japonicum 회화나무 236
Styrax obassia 쪽동백나무 200

T
Taxus cuspidata 주목 196
Thuja orientalis 측백나무 210
Tilia amurensis 피나무 222
Torreya nucifera 비자나무 140

U
Ulmus davidiana var. japonica 느릅나무 76

V
Viscum album var. coloratum 겨우살이 54

Z
Zanthoxylum schinifolium 산초나무 150
Zelkova serrata 느티나무 78
Ziziphus jujuba var. inermis 대추나무 86